Eveline Ehß

Kosmische Chakren

Eine Reise zwischen Raum und Zeit

Smaragd Verlag

Bitte fordern Sie unser kostenloses Verlagsverzeichnis an:

Smaragd Verlag e.K.
Neuwieder Straße 2
D-56269 Dierdorf
Tel.: 02689-92259-10
Fax: 02689-92259-20
E-Mail: info@smaragd-verlag.de
www.smaragd-verlag.de

Oder besuchen Sie uns im Internet unter der obigen Adresse und melden Sie sich für unseren Newsletter an.

Erste Auflage: Juni 2016
Zweite Auflage: Juli 2016

Umschlaggestaltung: preData
Satz: preData
Printed in Czech Republic
ISBN 978-3-95531-137-7

Inhalt

Einleitung 9

Erklärungen zu den Kosmischen Chakren 14
- Die erste Phase – Der Einleitungsteil 15
- Die zweite Phase – Der Meditationsteil 15
- Die dritte Phase – Offenbarungstext und Erklärungen zu den Prozessen 16
- Bildinformationen der Kosmischen Chakren 17
- Offenbarungstext zum Buch 20

Kosmisches Chakra der Freiheit 27

Kosmisches Seelenchakra 34
- Aktivierung des Seelenchakras in meinem Baum des Lebens 37
- Übertragung auf meine Seelenblume 38

Kosmisches Chakra des allumfassenden Seins 41
- Integration in meiner neuen Lebensplattform 46

Kosmisches Herzchakra 49

Das Kosmische Chakra des kosmischen Geistes 54

Kosmische Lebens-Lemniskate 61
- Integration des Lichtimplantats in die Lemniskate 64

Das Licht der Heiligen Göttlichkeit 69

Göttliches Lichtchakra 73

Kosmisches Engelchakra 81

Aufstieg des Himmelsstern-Chakras zum Gottesstern .. 87

Erleuchtung des Lebensbaums und der Seelenblume .. 95

Kosmisches Lichtpyramiden-Chakra 100
Integration des Lichtpyramiden-Chakras 103

Kosmischer Sternenspiegel 106

Kosmisches Chakra der allumfassenden göttlichen Liebe 110

Lichtfenster der Zentralsonne 114

Kosmisch-himmlisches Bewusstseins-Chakra 119

Kosmisch-himmlisches Chakra des Heiligen Geistes ... 124

Kosmisch-himmlisches Auge 131

Kosmisches Lichtchakra – Einheitslicht 137

- Integration des kosmischen Lichts auf allen Ebenen des Seins 142

Marien-Chakra der Gottesmutter-Liebe 147

Kosmisches Klangchakra der Gottesliebe 153

Kosmische Lebensblume der Dreifaltigkeit 157

Kosmisches Chakra der Unendlichkeit 161

Kosmisches Chakra Hypersika –
Chakra der allumfassenden Glückseligkeit 167

Kosmisches Yoga –
Kosmisches Feld der Freiheit und Losgelöstheit 172

- Übung des kosmischen Gottes-Yogi:
  Die energetische Kehlkopfzunge 173
- Übung: Der Kelch des Yogi-Chakras 179
- Übung: Bildung des kosmischen Lichtkreises 183

Kosmischer Seelenstern 187

Kosmischer Lebensbaum 190

Zusammenfassung 195
Ausklang 204
Nachwort 208
Danksagung 212
Über Eveline Ehß 213

Einleitung

Ich möchte dich einladen, mit mir gemeinsam auf eine Reise zu gehen. Eine Reise, die dich aus der Zweiheit des Irdischen in die Einheit des Schöpferraums führt und dich dem Licht der Unendlichkeit näherbringt. Die kosmische Chakrenebene ist ein Feld, in der es, genauso wie in unserem irdischen Energieraum, verschiedene Energiezentren und Energieebenen gibt. Sie ist aber nicht in Raum und Zeiten definiert, sondern eine freie, unabhängige Ebene und befindet sich im göttlichen Schöpferraum.

Die kosmischen Chakren öffnen einen neuen Bewusstseinsraum. Über die Chakren gehst du durch Durchgangsportale, die dich in eine erweitere kosmische Welt des Schöpfers führen. Dabei kommst du in eine erweiterte Wahrnehmung, in der du diese Energien in das irdische Feld integrieren und dadurch eine manifestierte, erweiterte Lebensbewusstheit im Leben erschaffen kannst. Somit wirst du zum Mitschöpfer einer erweiterten Realität.

Über die Reise zu den kosmischen Chakren wird die Bewusstseinserweiterung ermöglicht und der Verstand dadurch überwunden. Du gelangst dabei in neue Bewusstseinsräume, die du vorher noch nicht kanntest. Erst durch diese neuen Räume ist es dir möglich, Neues auf Erden zu erschaffen. Wie im Himmel, so auf Erden – wie oben, so unten. Das ist die Gesetzmäßigkeit. Über das erweiterte Bewusstsein muss man zuerst in den Himmel gelangen, um ihn dann auch auf Erden bringen zu können. Sonst ist es ein Egotrip, der immer im Außen stattfindet und immer gespalten ist. In der alten Form kann es also nicht funktionieren, den Himmel auf die Erde zu bringen. Die hier enthaltenen Texte dienen dir dazu, diese neuen Wege zu gehen.

Die höhere Sinneswahrnehmung steht während der Begegnung mit den kosmischen Chakren im Vordergrund. Es werden die höheren Sinneskanäle geöffnet, um der erweiterten kosmischen Bewusstheit entsprechend die jeweiligen Reise des jeweiligen Chakras wahrnehmen zu können.

Essenz dieses Buches ist es, über die Chakren das eigene Bewusstsein hin zum kosmischen, allumfassenden Bewusstsein zu erweitern. Das Hindernis ist der Verstand, der uns durch unser duales Denken begrenzt. Ziel ist es aber, durch die kosmischen Chakren in erweiterte Bewusstseinsräume zu gelangen, um dort Wissen zu schöpfen und das höhere Wissen in das Leben im Diesseits miteinzubringen. Also vom Schöpferraum Jenseits hin zum Irdischen, dem Diesseits. Und das, damit wir auf Erden ein besseres Leben führen, das aus dem Verstand und mit dem alten Wissen nicht möglich ist, weil unser Verstand dual ist und uns begrenzt. Ein besseres Leben kann nur durch Bewusstseinserweiterung erfolgen.

Dann kann der Mensch sich als Lebensbaum zwischen Himmel und Erde integrieren und hat auch wieder die

Verbindung zum Schöpfer. Wenn wir nur mit der linken Gehirnhälfte denken, sind wir vom Schöpfer abgetrennt. Über das Wachbewusstsein und die aktivierte Verbindung zwischen rechter und linker Gehirnhälfte erkennen wir das Gesamtheitliche und werden eins mit dem Schöpfer.

Wir kommen in eine höhere Geistigkeit und können aus dieser schöpfen, damit wir eine höhere Manifestation erreichen. Mit einer niederen Bewusstheit können wir nicht in eine höhere Geistigkeit kommen, um den hohen Geist auf die Erde zu bringen. Wo kein hoher Geist vorhanden ist, kann auch keine entsprechende Manifestation geschehen. Es kann aus einer niederen dualen Geistigkeit keine hohe geistige Manifestation stattfinden.

Wir sind Menschen zwischen Himmel und Erde und haben den Auftrag, uns dem Himmel zu nähern und ihn auf die Erde zu bringen. Der Mensch ist die Verbindung zwischen Himmel und Erde, deshalb ist der Mensch Geist und Körper gleichzeitig. Aber nur der hohe Geist kann einen hohen Körper erschaffen. Darum ist der Aufstieg eines Menschen das Wichtigste im Leben, um das Hohe auf Erden zu manifestieren.

Sinn des Menschseins ist es, Vermittler zwischen Himmel und Erde zu sein und nicht nur auf der Erde sein Ego zu verwirklichen. Das Ego bringt ihn zum Abgrund und zum Abstieg und nicht zu seiner Verwirklichung und zu seinem Aufstieg.

Abstieg ist immer Begrenzung nach außen in ein begrenztes duales Feld. Der Aufstieg ist der Weg zum erweiterten Schöpfen, um das Grenzenlose und das Wahrhaftige auf die Erde zu bringen und es dann zu verwirklichen. Der Weg führt von oben nach unten und von innen nach außen. Die innere Veränderung erschafft die äußere Veränderung. Die innere Erweiterung erschafft die äußere Erweiterung. Wenn geistige Veränderung geschieht, manifestiert sie sich auch auf Körperebene.

Ziel dieser Reise ist die geistige Erweiterung, aber auch das Schöpfen aus den Chakren, um dieses Wissen und diese Energien wieder zurück ins Leben zu bringen, denn sie erweitern das Leben in eine höhere Bewusstseinsebene.

Es passiert auch auf Körperebene eine unmittelbare Veränderung und hat ebenso Auswirkungen auf das Gehirn. Es werden neue Räume freigesetzt und neue Synapsen erschaffen. Die Gehirnmasse verändert sich, und weitere Räume werden erschaffen. So zeigt sich die erste unmittelbare Auswirkung in der Manifestation auf Körperebene. Auf geistiger wie auf körperlicher Ebene manifestieren sich die neuen Räume und Energien.

Die Erweiterung des Bewusstseins erschafft die neue Realität, weil Himmel und Erde eins sind. Unser Bewusstsein zu erweitern und dann auf die Erde zu bringen, ist unsere Aufgabe. Der Baum des Lebens ist ein Beispiel dafür. Der Stamm steht zwischen Himmel und Erde, die Wurzeln sind in der Erde, die Krone ist im Himmel, und der Mensch verbindet diese beiden Ebenen durch sein Leben.

Sinn unseres Lebens ist es, unser Bewusstsein zu erweitern und uns aus der Gier des Mangeldenkens heraus zu entwickeln. Die heutige Zeit ist dafür vorgesehen. Holistisch, ganzheitlich, ist immer alles als Einheit zu sehen, denn es gibt keine Erde ohne Himmel. Wir sind Mitschöpfer, weil wir nach dem Ebenbild des Vaters erschaffen sind. Wir müssen durch die erweiterte Bewusstseinsausrichtung zum höchsten Geist kommen. Dann können wir auch das Höchste manifestieren.

Das Bewusstseinsspektrum erweitert sich durch die kosmische Chakrenebene.

Ich biete dir an, mit mir gemeinsam in die Ebene des kosmischen Feldes einzutreten, den kosmischen Chakren zu begegnen, ihre Energien wahrzunehmen, ihr Licht zu integrieren und ihre Impulse zu empfangen. Es wird dir durch die gezielte Ausrichtung in das hohe Geistpotenzial des kosmischen Feldes gelingen, den Raum in die kosmische Ebene zu öffnen und kraft deiner geistigen Ausrichtung einzutreten.

Erklärungen zu den Kosmischen Chakren

Im Vorfeld möchte ich dir die kosmischen Chakren erklären, um deinen Geist zu öffnen und dich auf unsere gemeinsame Reise vorzubereiten:

Die kosmischen Chakren sind vollkommen entwickelte Energiezentren und stehen in absoluter Übereinstimmung mit den Energien von Gottvater. Auf der Ebene des kosmischen Feldes und auf Geistebene gibt es weder Zeit noch Raum. Hier bist du in der reinen geistigen Wahrnehmung. Die kosmischen Chakren sind die direkten Träger der göttlichen Chakrenenergien. Sie sind daher in einer sehr hohen Schwingung, und ihre Klänge erreichen eine Höhe, die für dein Körpersystem kaum mehr hörbar ist. Doch mit jeder Weiterentwicklung werden deine Sinne entwickelt und deine Wahrnehmungen erweitert.

Jedes der 27 kosmischen Chakren überträgt dir seine Energien, seine Impulse, sein Licht und seine Klänge. Du erfährst alles genau in der Reihenfolge, die für deine Entwicklungsprozesse notwendig ist. Jedes Chakra geht in Resonanz mit deinem Energiesystem, und je nach Thema und Schwerpunkt tritt es mit deinem jeweiligen Energiekörper in Kontakt.

Alle Kapitel bestehen aus drei Unterteilungen, die dir dabei behilflich sind, mit dem jeweiligen kosmischen Chakra und seiner Schwingung in Korrelation zu gehen.

Die erste Phase – Der Einleitungsteil

Im Einleitungsteil beginnst du dich zu öffnen und die Schwingung[1] in deinem Energiekörper auf die jeweiligen Abläufe vorzubereiten. Dabei kommst du mit den kosmischen Energien in Erstkontakt und erfährst Prozesse der Erweiterung und Klärung. Du fühlst in dir die Öffnung auf Energieebene. Die Schwingung deines Energiekörpers erhöht sich, und so bist du bereit, in die nächste Phase überzugehen.

Die zweite Phase – der Meditationsteil

Du erkennst die Meditationen immer an dem eingerückten Text.

In diesem Teil wirst du direkt mit dem Chakra und seinen Energien verbunden. Innerhalb dieser Abläufe integrieren sich das gesamte Energiepotenzial und die Energiestruktur des Chakras.

Du wirst über deine innere Wahrnehmung genau jene Prozesse erfahren, die dein Körper benötigt und die deiner Vorsehung entsprechen. Meine Worte und Bilder sind für dich nur wegweisend. Du kannst dabei ganz andere Erfahrungen machen, und diese sind genauso richtig und wichtig, denn es ist dein Weg, und es sind deine Prozesse, die du durchwandern musst.

---

1 Unsere verschiedenen Körperschichten haben verschiedene Energieschwingungen. Die Schwingung der Energiekörper wird immer höher, je höher wir uns entwickeln.

Die dritte Phase – Offenbarungstexte und Erklärungen zu den Prozessen

Begleitend zu den Prozessen, die in dir stattfinden, gibt es Offenbarungstexte aus der Geistigen Welt. Das sind Erklärungen von Gottvater oder aber auch von anderen geistigen Helfern. Diese Erklärungen bilden den dritten Teil des Prozesses der Integration. Sie sind teilweise an die Menschheit im Allgemeinen gerichtet, oder aber nur für dich bestimmt.

Als ich durch die kosmische Ebene geführt wurde, waren sehr intensive Prozesse der Umorganisation in meinem Körper und eine starke geistige Führung von Gottvater selbst zu spüren, der mich durch Worte und Impulse unterstützte. Diese Hilfe möchte ich an dich weitergeben, daher habe ich sie in die Texte miteingebunden.

Die Abfolge der kosmischen Chakren ist aufbauend zusammengestellt. Jedes einzelne Chakra enthält Informationen, die dir als Schlüssel in die nächste Entwicklungsstufe dienen. Du benutzt den Schlüssel, um die nächste Ebene innerhalb deiner Lichterweiterungsprozesse zu erreichen.

Du wirst bemerken, dass sich mit jedem kosmischen Chakra dein Energiepotenzial und dein Schwingungsparameter erhöhen. Dass in dir ein Raum frei wird, der dir unglaubliche Weite und Lichttransparenz ermöglicht. Auf diese Weise kann das Licht in dich eintreten. Die Energien des Chakras können in dir Raum einnehmen.

Es entspricht dem Willen des Vaters, dass wir Menschen uns aus unserer Begrenztheit von Raum und Zeit lösen. Die Reise durch die kosmische Chakrenebene bringt dich in Einklang mit dem göttlichen Willen, und es kann in dir die Loslösung aus der dualen Begrenztheit erfolgen.

Ich entdeckte dabei in mir eine unbeschreibliche Freiheit und Leichtigkeit von Raum und Zeit. Es waren schier grenzenlose Prozesse der Erweiterung. Als die 27 Chakren vollendet waren, spürte ich, dass ich mich meiner Wahrhaftigkeit einen großen Schritt annähern konnte. Dass ich ein Maß an Lichttransparenz erreichen durfte, durch die das Licht von Gottvater unmittelbar und uneingeschränkt in mich scheinen und durch mich wirken konnte.

Bildinformationen der Kosmischen Chakren

Die Abbildungen der kosmischen Chakren wirken unterstützend und raumöffnend, sodass du durch das Verinnerlichen der Bilder bereits in die Schwingung und Verbindung mit dem jeweiligen Chakra kommst. Die Bilder wurden mir während der Integrationsprozesse übermittelt, und ich zeichnete sie mit Hilfe von Grafikzeichen direkt am Computer. Als Hintergrund verwendete ich oft Muster aus meiner eigenen Bildergalerie. Alle Informationen über das Aussehen der Bilder erfuhr ich über meine geistige Wahrnehmung und über Impulse von Gottvater, der mich sehr direkt zur Farb- und Formgestaltung führte.

Die Bilder sind Spiegeltore in die jeweiligen kosmischen Räume, die sich öffnen und für dich zugänglich sind, weil sie entsprechende Themenbereiche betreffen. Sie helfen dir, durch die kosmischen Energietore zu gehen, und gleichzeitig bringen sie die Essenz aus den kosmischen Räumen wieder auf die Manifestationsebene der Erde. Sie unterstützen den Durchgangsprozess und ermöglichen es, in die vorgesehenen Räume der kosmischen Bewusstheit einzutreten. Beim Wahrnehmen der Bilder wird nicht nur die linke, sondern auch die rechte Gehirnhälfte angesprochen. Die linke ist das Sprachzentrum und die rechte die bildhafte Wahrnehmung. Durch die Bilder werden beide Gehirnhälften zusammengeführt und ermöglichen die Integration des Gesamten. Es geht um Hingabe und Wahrnehmung, nicht um Erfahrungen der linken Gehirnhälfte, und auch nicht um Logik des Verstandesdenkens.

Es geht um Hingabe, um über die höherbewusste Wahrnehmung in neue, erweiterte Bewusstseinsräume des Kosmos zu kommen und neue Räume des kosmischen Bewusstseins zu öffnen. Die Bilder schaffen diesen Durchgang. Sie sind Transzendenzbilder, sie transzendieren das Bewusstsein in eine höhere Ebene, um jenseits des Verstandes in eine übersinnliche Wahrnehmung zu gelangen. Dabei erfährst du, was vom Schöpfer für dich vorgesehen ist. Deshalb heißt es *Wahrnehmung*, weil man wahrnimmt, was vorgesehen ist. Die Krücken des Verstandes müssen losgelassen werden, und wir müssen lernen, ohne diese Krücken weiterzugehen. Durch die Krücken sind wir behindert im Vorwärtsgehen, denn sie grenzen den Himmel von der Erde. Mit Krücken können wir nur behindert gehen. Wir müssen diese Krücken loslassen, was durch die Bilder der kosmischen Chakren ermöglicht wird.

Durch die kosmische Chakren soll es dir als erwachender Mensch ermöglicht werden, auf der nächsten Stufe deiner Aufstiegsleiter anzukommen. Es ist der Wille von Gottvater, dass die Menschen aus ihrem Dualschlaf und ihren beschränkten niederen Bildern und Zyklen herausgeholt werden. Das unbegrenzte Wissen über die neuen Energien soll ihnen zugänglich werden. Wenn du durch die kosmischen Chakren gehst, wirst du göttliche Befreiung erfahren.

In diesem Sinne wünsche ich dir, dass sich dir beim Lesen das göttliche Licht offenbart und du die Ebene der kosmischen Chakren genauso aufbauend und erleuchtend erfährst, wie ich es durfte. Es war für mich sehr aufschlussreich zu beobachten, dass mit jedem sich offenbarenden Chakra das Licht in mir immer intensiver wurde, dass sich mein Bewusstsein klärte und weitete und mein Geist transzendierte und lichttransparenter wurde, sodass immer mehr Licht in mir Raum einnehmen konnte.

Nachfolgend werde ich Gottvater nur noch als Vater bezeichnen, da er sich als unser aller Vater offenbart und in jedem von uns seine Essenz und Schöpferfunken enthalten sind.

Die Texte innerhalb der einzelnen kosmischen Chakren habe ich in der Ich-Form verfasst, da ich festgestellt habe, dass auf Basis des DUs der Fokus auf das Gegenüber gelenkt wird und nicht auf sich selbst. Dabei würde die Zweiheit erschaffen werden, und unser Ziel ist es doch, die Einheit herzustellen. Deshalb das ICH. DU entspricht der DUalität und ist daher nicht geeignet, sich selbst in der Einheit wiederzufinden.

Zur Erklärung möchte ich noch erwähnen, dass der Geistkörper des menschlichen Energiesystems jener Teil ist, der mit der Unendlichkeit und der Ewigkeit in vollkommener Anbindung steht. Er repräsentiert die Wahrhaftigkeit des Seins. Wenn wir uns also unserer Wahrhaftigkeit nähern und unseren Geist weiten, weitet sich unser Bewusstsein bis auf die Ebene unseres Geistkörpers.

Offenbarungstext zum Buch

Folgende Botschaften zum Thema Dualität und deren Tribute wurde mir noch ergänzend zum Einleitungsteil übermittelt. So bitte ich dich, die Botschaft mit deinem Herzen wahrzunehmen und nicht mit deinem Verstand zu verstehen oder zu beurteilen:

Die Letharnei[2] der Dualität wirkt bremsend und eindämmend. Die natürliche Dynamik verkümmert und bildet sich zu jenem lethargischen Seinszustand, der es zulässt, dass alle Manipulanten und Machthabenden des Irdischen und die Mächte der Dunkelheit samt ihren Archonten[3] völligen Besitz und Einfluss auf den Menschen ausüben können. Denn niemand würde sich freiwillig in dieses Feld begeben und sich derart manipulieren lassen, wäre er nicht

2 Das Wort Letharnei entstammt unserem Wortstamm Lethargie, der Vater verwendet aber in seiner Ausdrucksweise das Wort Letharnei.

3 Archonten sind Fremdenergien und Fremdwesen niederer Ebenen, die sich in unserem Energie- und Körpersystem einnisten, um uns zu manipulieren und Energien abzusaugen.

schon völlig lahmgelegt und aus seiner Natürlichkeit und Eigendynamik herausgefallen.

Doch impulsartige Dynamik der Schöpfung hat nichts mit dem Verhalten der menschlichen Dynamik zu tun, die wie Dynamit in Form von Hyperaktivität nach außen wirkt. Die Hyperaktiven des Irdischen sind genauso wenig in der Natürlichkeit ihres Energiesystems wie die Lethargischen. Sie sind nur noch mehr getrieben als all die Lahmgelegten, sodass sie in das andere Extrem verfallen. Weder die Lethargie noch die Hyperaktivität entsprechen der Schöpfung und der Norm. Nur die wahre Antriebskraft, das göttliche Licht und die göttliche Liebe erschaffen im Menschen ihre göttliche Norm. Das Licht, das sich zeigt, erschafft die Schöpfernorm. Die im Licht integrierten Lichtenergien sind die Träger der Schöpferdynamik und der Schöpferstille. Niemals wirst du erleben, dass das Licht über- oder unterdosiert ist, denn das Licht ist immer in seinem natürlichen Fluss des Seins.

Die göttliche Stille integriert in sich die Dynamik, ebenso ist umgekehrt in der Dynamik die Stille enthalten, vorausgesetzt, sie kommt aus der Ebene der Göttlichkeit. In der Unendlichkeit des Lichts ist ebenfalls die Ewigkeit des Seins integriert, und die beiden sind nicht voneinander trennbar. Gleiches gilt für die innere Stille und die äußere Dynamik. Mit Außen ist nicht die Dualität gemeint, sondern die äußere Makroebene. Mit Innen ist die Innenwelt gemeint, das ist die innere Mikroebene. Alles, was sich im Außen zeigt, also auf der Makroebene, ist gleichzeitig auch auf der Mikro-ebene vorhanden, da es nur ein Spiegel des anderen ist. Wenn sich in der Makroebene alles verwirrt umherdreht und seine Verankerung verloren hat, dann geschieht das aus dem Grund, weil der Mikroebene die Ursache zugrundeliegt. „Wie innen, so außen – wie oben, so unten." Das ist ein geistiges Gesetz, das sich auch im Irdischen bewahrheitet.

Doch jetzt zur göttlichen Eigendynamik und zur göttlichen Stille:

- *Visualisiere eine Sphäre*[4] *vor dir. In der Sphäre gibt es ein leuchtendes Lichtzentrum, das statisch darin schwebt.*
- *Visualisiere, dass um das Lichtzentrum herum eine Spirale kreist. Die Spirale sorgt für die Dynamik in der Sphäre und transportiert das Licht vom Inneren der Sphäre nach außen. Würde diese Spirale nicht dynamisch wirken und beweglich sein, könnte das Licht nicht fließen. Würde das Licht den Weg von innen nach außen nicht finden, gäbe es keine Harmonie zwischen beiden Elementen, die Dynamik wäre blockiert.*

Genau dieses Problem kannst du in der Dualität erkennen, denn dort ist das verbindende Element der göttlichen Dynamik nicht vorhanden. In der Dualität wird das Innere nicht über eine Spirale in den göttlichen Schwingungskreisen nach außen transportiert, sondern durch Dynamit über

---

4 Sphären sind energetische Lichtkugeln, die es in verschiedenen Farben gibt. Sie können transparent oder auch fluoreszierend sein. Sie besitzen meistens auch ein Energiezentrum beziehungsweise ein Lichtzentrum. Du kannst sie auch mit Seifenblasen vergleichen.

raketenartige Impulse nach außen geschleudert. Dabei verliert es jegliche Verbindung nach innen. Verstehe, dass dadurch die Problematik der Trennung eintritt. Wenn das Innere nicht mit dem Äußeren verbunden ist, findet kein Austausch und kein harmonisches Ineinander und Miteinander statt. Dann ist der Mensch auf der ständigen Suche, doch weiß er nicht, wonach er sucht, weil selbst die grundlegendsten Informationen verlorengegangen sind. Das ist das Hauptproblem im Irdischen. Der Mensch sucht und ist Getriebener seiner verzweifelten Suche. Doch alle suchen nur im Außen, statt den Blick nach innen zu wenden, um die Verbindung mit ihrem Innersten wiederherzustellen. Die Dualität kann die göttliche Fülle nicht erzeugen, und wer in der Dualität versucht, die Erfüllung zu finden, wird kläglich daran scheitern und sich selbst dabei verlieren.

Was sucht der Mensch, wenn er sich ständig im Außen profilieren möchte? Warum trägt der Mensch die Angst in sich, die ihn bis an seine Grenzen gehen lässt?

Es ist die Trennung zwischen innen und außen. Es ist die Dualität, die ihn von den Ur-Energien der Schöpfung trennt. Es ist die Dualität, die ihm den Zugang zu Ur-Informationen des göttlichen Geistes verwehrt. Es ist der Schleier der Dualität, der sich zwischen den Menschen und die göttlichen Liebe und das göttliche Licht legt. Und so sucht der Mensch immerfort und verdeckt dabei seine Ängste durch Macht, Gier, Neid und Hass. Doch im Grunde ist es die Angst, die den Menschen zu so fatalen und menschenunwürdigen Taten treibt, weil er in seinem Innersten diesen alles übermannenden Schmerz verspürt. Das hält er nicht aus. Er schiebt die Themen vor sich hin und dämmt den Schmerz durch Schmerzstiller und Ablenkungsmaßnahmen im Außen ein. Er weicht mit allen Mitteln aus und stellt sich den Problemen nicht. Meistens werden die Schuldigen schnell im Außen gefunden, und das ganze Thema wird ihnen übertragen. So braucht er sich selbst nicht mehr damit auseinanderzusetzen. Dabei geschieht genau das Gegenteil einer Problemlösung: Es wird das gesamte Schmerzpaket in noch tiefere Ebenen des Herzens verdrängt, gut verschnürt und versteckt. Statt der Ursache nachzugehen und zu erkennen, was ihn so schmerzt und irritiert, verliert der Mensch sich in der Problemverdrängung.

Der Mensch in seiner jetzigen Entwicklungsphase ist wie ein Neugeborenes, das von der Nabelschnur getrennt wurde und plötzlich keine Verbindung mehr zu seiner Versorgungsquelle hat. Und mit dem ersten Schritt geschieht die verhängnisvolle Abtrennung vom Licht. Der Mensch, der in die Dualität geboren wird, verliert schon bei der Geburt diese Anbindung und irrt vom ersten Tag in der Dunkelheit herum. Nur wenige Auserwählte können als Lichtverbundene weiterbestehen und das Licht beibehalten.

In der heutigen Epoche der Entwicklung der Menschheit werden vermehrt Lichtbringer in die Welt ausgesendet. Ihnen liegt die Voraussetzung der Lichtbringung bereits von Geburt an zugrunde, und das Licht bleibt auch auf ihrem Weg im Irdischen bestehen.

Der Rest der Menschheit muss lernen, sich wieder nach innen zu kehren, um die Verbindung zum Licht wiederherzustellen. Der Mensch muss die göttliche Stille in sich fin-

den, um die göttliche Dynamik leben zu können. Erst wenn der Raum der göttlichen Stille geöffnet wird, kann sich die Lichtspirale nach außen bilden, und die Wellen des Lichts können nach außen fließen, ohne dass sie die Verbindung zur Quelle verlieren. Dann erst fließt die göttliche Dynamik mit ein.

Menschen, die den Weg zum Vater und zu seinem Licht gefunden haben, haben diese Verbindung wiedergefunden und können dadurch ihrer Kernfunktion im Irdischen folgen. Erst durch diese Anbindung an das göttliche Licht und die göttliche Stille kann der Weg des Erwachens und der Erlösung gegangen werden. Davor sind es nur illusorische Bemühungen, einen Weg zu gehen, der einem vermeintlichen Licht entstammt.

Die Esoterik-Szene ist voll mit solchen Praktikanten der Illusionen. Nur wenige von ihnen haben die wahre Verbindung wiederhergestellt. Alle anderen tappen im Dunkeln und suchen verzweifelt nach Halt, den sie aber in dieser Szene nicht finden können. So laufen sie verschiedenen Gurus hinterher, verfallen in Abhängigkeiten, weil sie meinen, dort bekämen sie Licht und Halt vermittelt, anstatt sich nach innen zu begeben, das Licht in sich zu entdecken und sich mit der Göttlichkeit zu verbinden. Keine Götzenbilder sind damit gemeint, keine Religionen. Das wahre Wissen fließt über das göttliche Licht ein und nicht über die Wissenschaft und ihre Gelehrten. Auch kein Papst kann als Lichtbote fungieren, denn er wurde Papst, weil er sich als Berufener erkannte, der den Menschen die Dualität der Religion beibringen soll. Keine Religion im Irdischen ist licht-

bringend, alle sind erst durch die Trennung entstanden. Die Angst, die Macht und die Gier haben sie entstehen lassen.

Die Ur-Religion kannte das wahre Wissen, sie besaß keine Macht über den Menschen. Doch der Mensch in seiner Lichtlosigkeit wurde von der Gier nach Macht getrieben, und so wurde die Ur-Religion umgewandelt, um nicht zu sagen: eliminiert. Was übrig geblieben ist, sind die Machenschaften dualer Machtsuchender, egal, welche Kleidung sie tragen, ob es ein Papst ist oder ein Machthabender des Weltregimes: Alle tragen sie den Mantel der Dualität, und alle treiben sie die Menschen in die Dunkelheit.

Verlasse daher die Ebenen, in denen dieser Mantel getragen wird, lege selbst jene Reste ab, die teils aus Bewusstlosigkeit oder aus Blindheit noch an dir haften. Alle Ängste, alle Zweifel, alles Suchen oder Verdrängen-Wollen sind nur Zeichen, dass der Mantel der Dualität aktiv ist. Verdränge diesen Zustand nicht, sondern erkenne, dass du das Licht in dir verloren hast und im Schleier der Dualität feststeckst. Stell eine aktive Verbindung zum Licht her, um in dir den Prozess der Transformation durch das Licht zu starten. Nur das Nach-innen-Gehen, nur die Einkehr und die Bereitschaft, die Trennung aufzulösen, haben die Wirkung der Erlösung.

Das waren die Worte des Vaters, und jetzt möchte ich dich einladen, mit mir die Reise anzutreten. Sei offen für alles, was sich dir nähern und in dein Wahrnehmungsfeld treten möchte. Es sind dein Weg und deine Erleuchtung, die jetzt beginnen.

Kosmisches Chakra der Freiheit

Ich bin in meiner inneren Wahrnehmung und vertraue der Führung des Vaters. Ich bin in meiner Wahrnehmung frei und lasse alles los. Es ist mein Geist, der mich führt, es ist mein Geist, der mich wahrnehmen lässt.

Ich trete aus meinem bisherigen Wahrnehmungsfeld heraus und öffne meine Wahrnehmung nach oben zur Schöpferebene und zum Schöpferlicht. Ein großes leuchtendes Feld beginnt sich vor mir aufzubauen. Es hat unendliche Weite und Tiefe, und in der Unendlichkeit des kosmischen Feldes kann ich Energiezentren und Lichtkörper erkennen. Ein Weg beginnt sich vor mir aufzubauen – mein Weg. Ich beschreite meinen Lichtwerdungsweg innerhalb des kosmischen Raumes und werde über ihn zu den einzelnen Chakren geführt.

Im kosmischen Energiefeld gibt es Energiebahnen. Sie sind mit leuchtenden Lichtbahnen vergleichbar. Dieses Bild ähnelt einer Nachtaufnahme eines Bahnhofs mit seinen vielen, im Licht leuchtenden Gleisen. Ich öffne meinen inneren geistigen Bildschirm und nehme die Energiebahnen des kosmischen Feldes wahr.

Vertieft in meine innere geistige Wahrnehmung, spüre ich das sich zeigende kosmische Energiefeld und lasse meine Energiezentren damit in Berührung kommen. Ich lasse mich berauschen von seinen Energien und gehe den Weg der geistigen Führung. Ich nehme Folgendes wahr und betrachte unterstützend die Abbildung am Anfang des Textes:

Rote Lichtbahnen fließen von einer Anhöhe nach unten. Das kosmische Chakra der Freiheit befindet sich auf der höchsten Stelle der energetischen Anhöhe. Es steht beziehungsweise schwebt über den roten Lichtbahnen. Das Chakra ist sehr dynamisch. Es hat eine sehr rasche Fließ- und Rotationsbewegung. Die roten Lichtbahnen, die vom Chakra genährt werden, senden ihr Licht und ihre Energien in das Feld nach außen.

Ich stehe auf der energetischen Anhöhe, fühle die Energien und nehme wahr, dass die roten Lichtbahnen in mein Energiesystem übergehen und in mich einfließen.

- Mein Herzchakra und mein Thymuschakra reagieren zuerst auf die Energien der roten Lichtbahnen. Sie verursachen eine totale Öffnung und Erweiterung, bis das gesamte Spektrum dieser Lichtkanäle in mir Raum einnehmen kann.
- Dann beginnen sich die Energien in meinem gesamten Körpersystem auszubreiten, und das kosmische Chakra geht in Verbindung mit meinem Dritten Auge.
- Mein Kopfbereich wird von seinen Energien berührt. Anfangs noch sehr sanft und in kleiner Dosis. Die Energien des kosmischen Chakras umkreisen meinen Kopf und kommen immer näher. Ich nehme die kreisenden Umdrehungen des Chakras wahr.
- Mit jeder Umkreisung wird mehr Raum in meinem Energiekörper frei, und mein Energiesystem öffnet sich. Gleichzeitig öffnen die roten Energiestrahlen meinen Energiekörper, um noch mehr Energie in mich zu bringen.

- Ich spüre die sehr intensiven Impulse meiner Zirbeldrüse. Sie bekommt vom kosmischen Chakra impulsartige Energien übertragen. Meine Zirbeldrüse beginnt sich zu verändern, wird wachgerüttelt und erhält neue Lebensfunktionen. Sie erwacht aus ihrem jahrtausendealten Komaschlaf.
- In meinem Dritten Auge verändert sich der Wahrnehmungs-Spiegel. Er wird zu einem Rundumspiegel umgeformt. Die Rundumsichtweise wird möglich. Das Allumfassende, das Unendliche und Ewige beginnen sich im Spiegel zu zeigen.
- Jetzt manifestiert sich in meinem Dritten Auge das kosmische Chakra der Freiheit mit seinen roten Lichtbahnen.

Es gibt keinerlei Trennung von Energien und Energiesystemen. Ich nehme die kosmische Freiheit wahr. Sie basiert auf der Unendlichkeit und der Ewigkeit und ist allgegenwärtig und allumfassend.

Um das Chakra wahrnehmen zu können, ist eine Bewusstseinserweiterung nötig, denn die Basis der kosmischen Freiheit liegt in den Räumen des hohen Bewusstseins des Heiligen Geistes. Ich bin über meinen hohen Geist mit dem Heiligen Geist verbunden. Ich kann diese Wahrnehmung vollziehen, denn mein innerer Bildschirm und das dazugehörige Bewusstsein haben die Öffnung erfahren. Wenn ich in diese Ebene wechsele, zeigen sich mir die Freiheit und ihre Leichtigkeit. Das Chakra kennt nur die göttliche Freiheit, denn es ist an keine duale getrennte Form der Freiheit gebunden. Es kam mit ihr niemals in Berührung.

Das kosmische Chakra der Freiheit beinhaltet das gesamte Spektrum an Klangraum und Farbgebung. Ein unendliches Spektrum, dessen Grenzen nach oben und unten frei sind. Es ist völlige Freiheit an Klangraum. Doch es ist nicht der Klang, den die Ohren vernehmen, sondern es ist der Klang der Schöpfung damit gemeint, der sich in Schwingungen ausdrückt. Das ist ein physikalisch unhörbarer Klang, weil er einer Frequenz entstammt, den nur der Geist vernehmen und hören kann.

Auch die Farbgebung des Klangs entspricht nicht der Farbpalette des physikalischen Auges. Nein, sie enthält die Kreativitätskraft der Schöpfung. Sie ist nicht definiert in Nuancen, sondern in Schwingungen. Die absolute kosmische Freiheit liegt darin, diese Töne und Farben über das kosmische Chakra der Freiheit zu erfahren.

- Ich verbinde mein geistiges kosmisches Chakra der Freiheit mit dem des geistigen Chakras von Mutter Erde und gehe in die absolute Übereinstimmung mit ihr. Dabei erschaffe ich in mir jenen Klangraum und jene Farbgebung der Freiheits-Welt, die der kosmischen Erde entstammen. Ich bereise und belebe die Erde nicht mehr auf ihrer dualen Ebene, ich habe mich zum kosmischen Geist-Reisenden entwickelt und bereise daher auch die kosmische Geistebene der Erde. Neue Wege und Erfahrungen zeigen sich dadurch, neue Möglichkeiten werden erkannt und umgesetzt.

- Das Türkis, das sich mir durch mein Drittes Auge zu zeigen beginnt, ist das Licht der Freiheit und der Leichtigkeit. Mit jedem Schritt erfolgt die Intensivierung, bis ich im Zentrumsbereich angekommen bin. Bin ich im Zentrum angekommen, erfahre ich die Erfüllung mit der kosmischen Lichtschwingung.

Meine Lernaufgabe ist es, die kosmische Lichtschwingung ins Leben zu übertragen und miteinzubeziehen.

Ich erkenne, dass nicht nur mein Körper und dessen Versorgung im Vordergrund stehen, es ist vielmehr wichtig, gesamtheitlich und allumfassend zu denken und zu handeln. Um in diese Freiheit zu gelangen, um mein Denken von der Körperbezogenheit zu befreien, bin ich jetzt auf der Stufe der Freiheit angelangt. Daher verstehe ich den Wandlungsprozess in meinem Körpersystem: Die Wahrnehmung des Gesamtheitlichen und die damit erfolgende Umstrukturierung meiner persönlichen Ausdrucksweise und Lebensphilosophie stehen im Vordergrund.

Ein gesamtheitlich geistbezogen denkender, sehender und agierender Mensch hat eine andere Wahrnehmung und Ausdrucksweise als ein verstandesmäßig denkender und körperbezogener. Es ist notwendig, sich Schritt für Schritt umzustrukturieren. Ich lerne, nicht das Kleinstmögliche zu leben, sondern das Größtmögliche.

Das Feld, das mich umgibt und in dem ich lebe, wird vom kollektiven Geist des Irdischen bestimmt. Die Dualität wird immer ihre Auswirkungen darin hinterlassen. Deshalb ist es wichtig, dass ich lerne, mit dem Licht der Freiheit und der Leichtigkeit zu steuern.

- Ich übertrage das Türkis in den Raum meines Umfelds, das ist das Feld, das mich umgibt und das auch ich miterzeuge, denn ich bin Teil des Kollektivs. Mein Licht ist kräftig und mächtig. Es wird die Schwingung in ihre Norm bringen, um sie von den dualen Energien zu lösen. Ich aktiviere in mir das kosmische Chakra der Freiheit und übertrage seine Schwingung in das Kollektiv meines Lebensfelds.

So aktiviere ich den Wandel und die Neuausrichtung in eine neue, befreite Welt.

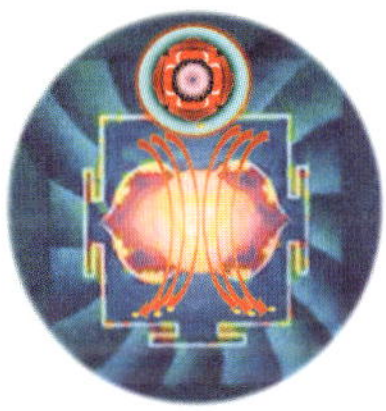

Kosmisches Seelenchakra

Ich tauche ein in das Feld der kosmischen Chakren und empfange das gesamte Energiepaket in mir. Mein Kronenchakra, aber auch mein Herzchakra empfangen Licht und Energien aller kosmischen Chakren. Es ist ein buntes Feld an Formen und Farben, die Vielfältigkeit kennt keine Grenzen. Von diesem Feld aus gehen Lichtkanäle zu den einzelnen kosmischen Chakren.

Das kosmische Seelenchakra zeigt sich ganz deutlich vor mir, und ich nähere mich ihm an.

Ein violetter Lichtstrahl wird sichtbar. Er zieht mich tief in sein Energiefeld.

- Ich spüre mein Herzzentrum und darin meinen Seelenraum, ein Aufleuchten meiner Seele ist wahrnehmbar. Auch in der Ebene meines Seelenkörpers gibt es ein Chakra, das sich nun zu zeigen beginnt. Es aktiviert sich und bekommt kosmische Energien übermittelt. Mein Seelenkörper beginnt sich zu erheben und tritt in das unmittelbare Feld des kosmischen Seelenchakras ein.
- Mein Gesamtkörper beginnt mit der Leichtigkeit meines Seelenkörpers zu schweben. Ich trete in das unmittelbare Zentrum des kosmischen Seelenchakras ein. Violette und goldene Lichtenergien erleuchten meinen Seelenkörper, und ein Lichtnebel aus zarten pastell-violetten Farbtönen umhüllt mein Chakra. Es entsteht ein Lichtring um mein Seelenchakra, und es verbindet sich mit den kosmischen Energien des kosmischen Seelenchakras.

- Impulse des kosmischen Chakras werden wie Torpedos zu meinem Seelenchakra ausgesendet. Es zeigen sich goldene Lichtimpulse, die immer intensiver und schneller werden, bis ich sie nicht mehr als einzelne Impulse erkennen kann, sondern als ununterbrochenen Strahl.
- Mein Chakra beginnt sich zu öffnen, es empfängt Impulse und beginnt, selbst Impulse zu erzeugen. Es sendet die Impulse zum kosmischen Chakra zurück, wodurch ein Austausch stattfindet. Der Austausch erreicht eine Lichtgeschwindigkeit, die nicht mess- und wahrnehmbar ist.

Mein Seelenchakra ist jetzt in völliger Übereinstimmung mit dem kosmischen Seelenchakra. Ich kann es auch auf Energieebene spüren. Es ist in meinem Seelenraum eine neue Energie, ein neuer Impuls, ein neues Licht vorhanden. An meinen gesamten Körper werden neue Impulse übermittelt. Ein Kreislauf der Energieversorgung ist aktiviert.

Das kosmische Seelenchakra ist das Erweiterungsmodul meines Aufstiegsprozesses im kosmischen Chakrenraum. Es ist mir möglich und für mich vorgesehen, den kosmischen Chakrenraum zu erfahren und meine neuen Chakren darin zu aktivieren.

Aktivierung des Seelenchakras in meinem Baum des Lebens

Es ist wichtig, dass ich in meinem Lebensbaum mein neues kosmisches Seelenchakra integriere, weil dort die Normierung auf gesamtheitlicher Ebene stattfindet.

Ich gehe mit meiner Wahrnehmung in den Schöpfergarten und bitte um Eintritt. Ich trete ein, sehe den großen Schöpferbaum und erkenne daneben meinen Lebensbaum.

- Ich stehe unmittelbar vor meinem Lebensbaum: Er ist sehr hoch gewachsen, hat weite, ausladende Äste, und der gesamte Baum ist von einem göttlich schimmernden Energiefeldnebel umgeben.
- Ich erkenne oberhalb des Schöpfergartens und oberhalb meines Baums die Ebene des kosmischen Seelenchakras und sein Energiezentrum und stelle eine aktive Verbindung zwischen dem kosmischen Seelenchakra und meinem Lebensbaum her.
- Es zeigt sich, dass der Energiefeldnebel, der meinen Baum umgibt, eine violette Schicht hinzubekommt. Aber ich erkenne, dass das Chakra im Baum noch nicht aktiv ist. Es schläft.
- Ich nehme wahr, wie das kosmische Chakra jetzt wieder jene Impulse auszusenden beginnt, die immer schneller werden, bis sie über die Lichtgeschwindigkeit hinausgehen und als ein einziger Lichtstrahl erscheinen.

- In meinem Lebensbaum werden Energieverbindungen erweckt, die als violette Lichtbahnen von dem Energiefeldnebel bis zu den Früchten des Baumes fließen. Dabei beginnt in jeder einzelnen Frucht des Baumes ein Lichtzentrum zu blinken.
- Das Seelenchakra des Baums selbst wird durch die Dynamik des Lichts aus seinem Schlaf erweckt und leuchtet im schönsten violetten Licht auf.
- Es kommt Energie in den Bereich des Energiefeldnebels, Energieflüsse entstehen, eine nie dagewesene Aktivität zeigt sich im Nebelfeld. Der Nebel beginnt um den Baum herum zu kreisen und empfängt über das energetische Chakra die unendlichen Energien des kosmischen Seelenchakras. Das Nebelfeld wirkt harmonisierend auf den gesamten Baum, auf alle Bereiche des Baumes.

Übertragung auf meine Seelenblume

- Der Nebel überträgt sich auf die Seelenblume. Meine Seelenblume wächst unmittelbar neben meinem Lebensbaum.
- Auch sie erhält ein Energie-Nebelfeld, das sie einhüllt. Der Nebel dringt in jede einzelne Blütenspitze ein und erzeugt violette Lichtbahnen, das geschieht von der Blütenspitzen hin bis zum Blütenzentrum. Ein zartes Gebilde aus violetten Lichtbahnen zeigt sich, das der Blume des Lebens ähnelt.

- Der violette Energienebel erzeugt Einheit zwischen Lebensbaum und Seelenblume. Es herrschen völlige Übereinstimmung und Harmonie zwischen beiden.

Das kosmische Chakra der kosmischen Seele ist die unmittelbare Kraft der Schöpferseele. Es beinhaltet jegliche Seelenkomponenten, die der Schöpferseele entstammen: Die Ur-Kraft des Erschaffens, die Ur-Seelenkraft und das Energiepotenzial der Ur-Kraft. Das alles ermöglicht mir ein Kraftpotenzial des Seins und Wirkens, wie es der Schöpferseele entspricht. Ich verbinde mich mit der Kraft, die dem Innersten der Schöpferseele innewohnt. Die Ur-Seele, der alles Leben entspringt, ist in mir erwacht. Sie strahlt ein auf mein Leben, auf meine Verkörperung, auf mein Energiepotenzial, auf meine Lebenskraft. Ich spüre es sehr deutlich in meinem Seelenraum. Das Energiekörperfeld, das mich umgibt, wurde jetzt durch die Ur-Seele beseelt.

Das ist ein sehr wichtiger Prozess meines Aufstiegs und meiner Entwicklung, da sich mir das neue Potenzial der Ur-Seele über das kosmische Seelenchakra geöffnet hat und ich es in mir verankern konnte.

Meine Seele erfährt durch die Integration einen enormen Aufstiegsschwung. Sie wurde aus ihrem bisherigen Seinsfeld herausgeholt, befreit von ihrem Seelenkarma und ihrem Befreiungsweg. Ich habe auch auf Seelenebene eine neue, übergeordnete Ebene erreicht, und so ist es meiner Seele möglich, neue Wege einzuschlagen und neues Wissen und neue Aufgaben zu übermitteln.

Dadurch sind meine bisherigen alten Aufgaben gelöscht, also erledigt. Neue Aufgaben warten auf mich. Ab jetzt beschreite ich neue Wege. Meine Seele, vor allem die kosmische Seele und die Ur-Seele, werden mir diese Impulse übermitteln. Meine neuen Wege und Aufgaben haben eine völlig neue Kraft, völlig neues Potenzial, und werden von einer neuen Energie gelenkt. Ein wichtiger und wahrlich meisterhafter Schritt in meiner Befreiung hat stattgefunden und ist von mir vollzogen worden.

Es ist die Kraft meiner Seele, die meinen Weg nun bestärkt und mich lenkt. Es ist die Kraft der Ur-Seele, die ihr zur Verfügung steht. Ich fühle mich willkommen in meinem neuen Lebensabschnitt. Meine Seele heißt mich willkommen, denn sie wurde befreit.

Kosmisches Chakra des allumfassenden Seins

Stabilität und Dynamik in der Vereinigung wollen sich mir im kosmischen Chakra des allumfassenden Seins offenbaren. Das kosmische Chakra des allumfassenden Seins zeigt sich mir. Ich gehe über das Feld der kosmischen Gesamtheit in seinen Wirkbereich und lasse mich von ihm erfüllen, lasse die allumfassenden Seinsebenen mit all ihren Ausdrucksmöglichkeiten in mich einfließen und verankere sie in mir. Der himmlische Vater führt mich und unterstützt mich in diesem Prozess, der jetzt beginnt.

- Ich bin in meiner inneren Wahrnehmungskraft und im Feld der kosmischen Gesamtheitlichkeit. Ich nehme seine Vielfältigkeit und Gesamtheit wahr.
- Es zeigt sich mir ein gelb-oranger Lichtwirbel im kosmischen Feld. Eine Einwärtsspirale führt durch das Gesamtfeld hindurch.
- Ich spüre meinen Solarplexus, er füllt sich mit dem Licht des Chakras, und gleichzeitig nehme ich am Hinterkopf wahr, also am Ansatz des Kopfes, dass mich das Licht des Chakras erfüllt. Zwischen beiden entsteht eine Verbindung. Es ist ebenfalls eine gelb-orange Lichtspirale, die diese beiden Punkte miteinander verbindet, vom Atlas hin zum Solarplexus.
- Die kosmischen Strahlen werden mit sehr hoher Geschwindigkeit über die Lichtspirale durch mein Körpersystem hinunter zum Solarplexus gepumpt.
- Auch in meinem Kehlkopf ist das Licht spürbar. Aus dem Kehlkopf werden sehr viele dunkle Energien ausgeleitet.

- Neue Bereiche öffnen sich. Sie liegen alle auf der Rückseite meines Körpers. Die Spirale reinigt alle Bereiche, als würde meine Vergangenheit geklärt und normiert und von mir ausgeleitet werden. Dadurch erhalte ich enorme Stabilität in meinem Rückenbereich.
- Eine absolute Aufrichtung erfolgt. Aus meinem Kehlkopf werden alle verhindernden Abspeicherungen und Energien ausgeleitet. Meine Wirbelsäule wird begradigt, mein Kopf wird in eine neue Ausgangsposition gebracht. Er wird ebenfalls neu aufgesetzt, um die Geradlinigkeit nicht zu unterbrechen. Auch mein Becken bekommt eine neue Standposition. Alle Blockaden lösen sich und werden abgeleitet.
- Dadurch bekommt auch der Lichtstern in meinem Thymus mehr Raum und Platz. Er kann noch besser seine Wellen aussenden und mehr Licht in meinen Körper senden, denn alle Verkrümmungen und Blockaden sind transformiert.
- Nachdem auf Körperebene diese Ausrichtung und Normierung erfolgt sind, kann ich mein Kronenchakra sehen. Es erhält eine neue Position, denn es war bisher nicht völlig gerade stehend. Es hatte eine leichte Schieflage, weil es meinem Körper angepasst war. Jetzt jedoch steht es in der völligen Vertikale. Der göttliche Lichtkanal fließt absolut frei in mein System ein.

Ich kann jederzeit über den göttlichen Lichtkanal mit dem kosmischen Chakra des allumfassenden Seins in Kontakt treten. Das geschieht über die Lichtspirale, die sich darin zeigt, und ich kann direkt in sein Zentrum treten. Es ist ein hell leuchtendes, gelb-goldenes Licht, das mich in das Innerste des Chakras lenkt. Darin bin ich in absoluter Stabilität. Es gibt kein Schwanken, kein Pendeln, kein Hin und Her. Alles ist in der Absolution der göttlichen Norm, und gleichzeitig nehme ich darin die Dynamik des Chakras wahr, denn seine Lichtdynamik ist sehr direkt und unmittelbar. Die Dynamik hat ihre Linie, sie erfolgt nicht durch Zufall oder Steuerung. Sie fließt durch die Absolution der göttlichen Norm, und das hat seine Auswirkung in der Geradlinigkeit.

Mein Körper geht in Resonanz mit dem Chakra.

- Über mein Kronenchakra empfange ich seine Energien und
- über mein Atlas-Energiezentrum die Stabilität.
- Über meinen Solarplexus empfange ich die Dynamik.
- Die Lichtspirale des kosmischen Chakras des allumfassenden Seins integriert sich zwischen den beiden Chakren.

Geradlinigkeit ist in meinem Körper. Stabilität und gleichzeitig Dynamik manifestieren sich darin. Es ist ein neues Gefühl in mir, das befreiend auf mich wirkt. Ich bekomme vom kosmischen Chakra des allumfassenden Seins gezielt Impulse übermittelt, die durch meine Lichtspirale in mich eingepumpt werden, sodass mein Körpersystem auf allen Ebenen dem Prozess angepasst wird. Mein Solarplexus scheint wie eine gelb-goldene Sonne mit voller Lichtdynamik. Mein Atlas-Energiezentrum, das sich in mir neu geöffnet hat, strahlt gelb-orange-goldene Strahlen durch mein Körpersystem, was mir enorme Stabilität verleiht.

Erzengel Gabriel begleitet diesen Prozess.

- Er unterstützt diesen Vorgang durch sein gelbes Licht, das er in Form eines Lichtstabs direkt zu mir lenkt.
- Gottvater ist ebenfalls mit ihm, und mein Rückgrat wird vom Lichtstab in die absolute Stabilität gebracht. Erzengel Gabriel und Gottvater bringen den Lichtstab in die richtige Position.
- Gottvater beleuchtet ihn noch zusätzlich mit seinem weißen Licht.

Dieser Prozess dient mir zur Hilfe und Stütze in den Wandlungsprozessen während der Integration des Chakras und der dabei notwendigen Ausrichtung. Auf diese Weise werden meine Aus- und Aufrichtung so gefestigt, dass ich sie weiterhin halten kann und nicht wieder in die alte Halteposition kippe. Es ist sehr wichtig, in dieser Ausrichtung zu bleiben, um das Neue empfangen zu können. Das Alte ist für mich nicht mehr empfänglich, das Neue aber nur über diese neue Ausrichtungsposition. Deshalb bleibe ich in der Vertikalen, in dessen Stabilität, und lasse die neuen Impulse und Energien über die kosmische Dynamik in mein Leben treten.

Es ist meine neue Seins-Plattform, auf der ich jetzt stehe und angekommen bin. Mit dem alten Rückgrat kann ich diese Position nicht halten, deshalb meine Neuausrichtungen, meine Begradigung und mein neues Chakra. Das Atlas-Energiezentrum dient mir, in die neue Ebene einzukehren und sie in mir zu etablieren. Ich nehme meine neue Plattform wahr, sie ist mein neuer Seins-Mittelpunkt. Eine neue Ebene offenbart sich mir. Ich gehe mit der gezielten genormten Ausrichtung meines neuen Seins-Zustands in meine Körperwahrnehmung und erkenne darin meine kosmische Stabilität und Dynamik. Meine neue Lebensplattform ist mir sehr vertraut, denn sie entspricht meiner Wahrhaftigkeit, meinem wahren Sein.

Integration in meiner neuen Lebensplattform

Der Vater ist bei mir und führt mich noch tiefer in das Energiefeld meiner neuen Lebensplattform.

- Es ist ein weiß-gold-gelbes Licht, in das ich eintrete. Ich kann seine Strahlen wahrnehmen. Ein Sog zieht mich nach innen, und der Vater begleitet mich. Er lenkt mich durch Impulse immer tiefer in das Licht. Ich verliere die Orientierung von Oben und Unten.
- Ich bekomme langsam Halt unter den Füßen. Mein System stabilisiert sich wieder.

- Ich stehe im Zentrum meiner neuen Seins-Plattform, in meinem neuen Lebensfeld und -raum. Ich spüre die Ausrichtung in meinem Rückgrat und die Anbindung meines Kronenchakras an das neue offene Feld.
- Der Vater legt seine Hände über mich, und seine segnende Energie berührt mich. Er gibt mir Halt und Vertrauen.

Ich bin angekommen und sage JA zu meiner neuen Ebene. Es ist ein stabiles JA, in dem eine sehr dynamische Schwingung liegt. Wie ein gesungenes, beflügeltes JA erklingt es in mir. Mein JA schallt durch das gesamte Universum, durch alle meine Seins-Ebenen, durch alle meine Seinszustände. Mein JA hat sich manifestiert.

Ich bin in meiner neuen Seins-Plattform und in meinem neuen Leben angekommen. Die absolute Vertikale in seiner Stabilität und Dynamik ist der Inhalt dieser Ebene. Das Alte ist beendet. Die alte Plattform ist aufgelöst und nicht mehr vorhanden. Mein JA hat sich manifestiert, was bewirkt, dass das Alte nicht mehr zu mir vordringen kann. Alle karmischen Muster und Verbindungen haben sich von mir gelöst, denn die neue Plattform beinhaltet keinerlei Altes und Unerlöstes mehr.

Es ist ein absoluter Neubeginn. Ich lasse meinem Körpersystem Zeit für die Integration und Manifestation. Alle meine Systeme müssen sich meinen neuen Lebensenergien anpassen. Es erfolgt die absolute Umstrukturierung in mir, und mein JA hat diesen Prozess gestartet. Die göttliche

Liebe und der göttliche Wille steuern den Verlauf. Dabei behalte ich mein allumfassendes JA in meinem Bewusstsein, denn es unterstützt mich in der Neuorientierung meiner Körpersysteme.

Kosmisches Herzchakra

Ich verbinde mich mit dem Energiefeld der kosmischen Lichtebene.

- Es zeigen sich mir Verbindungskanäle zum kosmischen Herzchakra des Vaters. Es sind grüne, rote, goldene und rosarote Lichtkanäle. Sie strömen aus der Ebene der kosmischen Chakren in mich ein.
- Der Vater lenkt das Licht direkt in mein Herzzentrum, von vorne nach hinten und von hinten nach vorne. Es entsteht eine doppelte Null in mir.
- Die eine Null ist von vorne einwärts fließend, die andere Null von hinten einwärts fließend. Die beiden fließen gegengleich und eröffnen damit einen Lichtfluss in meinem Herzzentrum, der zwei Fließrichtungen zeigt.
- Es sind die kosmischen Liebesbahnen, die sich in mir ausbreiten. Ich lasse es fließen und geschehen.

Das kosmische Herzzentrum zeigt sich mir in meiner neuen Lebensplattform. Damit der kosmische Raum in mir integriert werden und sich manifestieren kann, ist es notwendig, dass ich mich auf die Liebe fokussiere. Es ist die Liebe der Neuen Zeit – die Liebe der Neuen Welt –, ich bin Mensch der Neuen Welt und daher auch Träger der neuen Liebe.

Durch meine Neuausrichtung hat der Wechsel stattgefunden. Ich bin zum Menschen der Neuen Welt aufgestiegen. So ist durch meine Entwicklung meine neue Lebensplattform entstanden, und gleichzeitig hat sich meine Lebensplattform in der Neuen Welt integriert.

Es bedeutet eine völlige Umstrukturierung meines Chakren- und Energiehaushalts. Ich bin in der Ebene der kosmischen Chakren angekommen, um meine Chakren zu erweitern, um mich umzustrukturieren und mich mehr und mehr den neuen Chakren zu öffnen und sie in mir zu integrieren.

Das kosmische Herzzentrum ist die Basis der neuen Liebe. Sie ist allumfassend und allgegenwärtig. Es ermöglicht mir ein Leben als Erschaffender der Liebe, als Liebesbote der Neuen Welt. Ich erschaffe aus meinem Herzen und nicht mehr aus dem Verstand heraus. Es gibt keine Fragen des Wollens oder Sollens, des Nutzens beziehungsweise der Gunst oder Ungunst. Einzig die strömende kosmische Liebe erschafft und bringt sich im Neuen des Erschaffenden ein. Somit ist die Zeit der Verstandes- beziehungsweise Ego-Erzeugnisse und ihrer Denkstrukturen vorbei. Mein Ego muss sich zurückziehen, und durch die Kraft des neuen Herzchakras geschieht das sehr rasch. Mein Ego ist durch die kosmische Liebe entmachtet und entkräftet. Es sind liebevolle Umwandlungsprozesse dafür vorgesehen. Sie geschehen im Kleinen, als auch im Großen. Schritt für Schritt tritt die Liebe in den Vordergrund, und mit ihr der allmächtige Geist.

- Es zeigen sich die Lichtkanäle des kosmischen Herzchakras. Sie sind weit geöffnet, und in ihnen fließt die kosmische Liebe, die mich direkt in das Innerste des Chakras führt. Ich gehe durch die verschiedenen Farbbereiche von Grün, Rot, Rosa und dann

Gold. Es wird immer heller und leichter. Mein Herz ist weit geöffnet, und mein Gesamtkörper geht durch diese Farbschichten hindurch und wird von ihnen berührt und erleuchtet.

- Jetzt bin ich im goldenen Bereich des Zentrums des Chakras angekommen. Es ist ein sehr berührender Moment, denn das kosmische Chakra öffnet sich mir, und das Gold des Zentrums fließt wie Honig in mein Herzzentrum.

Es zeigen sich in mir die Umstrukturierung und Wandlung meines Herzchakras. Das Gold des kosmischen Herzzentrums erschafft in mir die neue Struktur, und in mir baut sich das neue Energiezentrum der neuen kosmischen Liebe auf. Alle alten Energiestrukturen werden aufgelöst, alle alten Energiebahnen gelöscht, und die Egostruktur, die auch in meinem Herzen vorhanden war, erblasst und tritt in den Hintergrund. Stattdessen wird die neue Liebe in ihrer allumfassenden und allgegenwärtigen Energiestruktur darin präsent.

Mein Herzzentrum leuchtet jetzt golden und steht in Verbindung mit dem kosmischen Herzzentrum. Beide verschmelzen immer mehr ineinander. Es gibt keine Trennung mehr, es gibt nur noch Einheit und Einssein. Die Hand des Vaters lenkt diesen Vorgang.

In meinem Kopf lösen sich Energien, die über das Kronenchakra ausgeleitet werden. Die Ausleitung wird vom Kosmischen Seinschakra der Stabilität und Dynamik unterstützt.

- Mein Herz ist frei. Mein Kopf ist frei. Liebe fließt in mir und durch mich.

Ich lasse alle diese Prozesse in mich und mein Körpersystem einwirken. Es bedeutet für mich, eine neue leichte und liebevolle Lebensweise zu erschaffen und zu leben. Es wird sich mir der Weg zeigen, wie ich das umsetzen und in der materiellen Welt leben kann.

Kosmisches Chakra des kosmischen Geistes

Mein Herz ist in Verbindung mit dem kosmischen Feld und seinen Energien. Mein Herzzentrum ist weit geöffnet. Es fließen das Licht und die Liebe des Vaters in mich ein. Ich spüre die Umstrukturierung in mir, die Neuausrichtung, die neue kosmische Liebe.

Ich bin mit der Geistigen Welt verbunden, und es öffnet sich der Raum vor mir. Die kosmischen Chakren zeigen sich mir, und ich nehme sie in der Reihenfolge meiner Vorsehung wahr. Es ist das kosmische Chakra des kosmischen Geistes, das sich mir jetzt zeigt und mich in meinen Umstrukturierungsprozessen weiterführt.

Sein silberner Übertragungskanal hat sich für mich geöffnet sowie alle seine geistigen Kräfte, sein unendliches Potenzial an Weisheit, Liebe und Stärke. Es ist der Heilige Geist, der über das kosmische Chakra des kosmischen Geistes einwirkt, denn beide sind eins, sind Einheit, sind Schöpfergeist, sind Heiliger Geist. Ich lerne, aus diesem Potenzial an Weisheit zu schöpfen, ich lerne, meinen Geistraum zu erweitern, den wahren Geist durch mich fließen und wirken zu lassen. Ich lerne, dass in der Weisheit die Stärke enthalten ist, denn wer Weisheit besitzt, besitzt Stärke, und diese allmächtige Stärke wird von der Liebe gelenkt. Deshalb ist das kosmische Chakra des kosmischen Geistes der Träger von Weisheit, Liebe und Stärke. Das sind die drei göttliche Attribute in ihrer höchsten und reinsten Ausdruckskraft. Die niedere Form kennen wir alle, ich habe sie durch mein Ego-Verhalten schon selbst gelebt und zelebriert. Jetzt gilt es, die hohe Form der geistigen Kapazitäten und ihrer Attribute zu integrieren.

Dazu gehe ich in den silber-weißen Lichtkanal des kosmischen Geistes und lasse mich zum Chakra-Zentrum führen, um dort die Erleuchtung des geistigen Lichts zu erfahren.

- Ich vertiefe meine Wahrnehmung im Raum der kosmischen Chakren und nehme die Vielfältigkeit aller Chakren wahr. Es zeigt sich mir ein Regenbogen. Alle darin enthaltenen Farben stammen vom gesamten kosmischen Chakrenfeld.
- Ich betrete den Regenbogen. Ein Weg durch all die Vielfältigkeit an Farben zeigt sich mir, und sie alle wirken in mir. Sie bringen ihre Energien, ihre Grundstrukturen in meine Aura und spiegeln sich in meiner Aura wider.
- Ich stehe auf einer Brücke innerhalb des Regenbogens und blicke hinunter in die Alte Welt, in ihre teilweise Farblosigkeit, in ihre Trübung und Verschleierung. Ich stehe darüber in der Vielfältigkeit und Klarheit. Es ist ein sehr beruhigendes und berührendes Bild. Ich habe die untere Ebene verlassen, denn ich stehe darüber auf der Brücke, die mich in die höheren Ebenen der Neuen Welt führt. Ich gehe weiter auf meinem Weg und nehme alle meine Energiekörper mit, auch meinen physischen Körper, der noch auf der Brücke steht. Ich bin wieder gesamtheitlich und durchquere ein Gebiet, das sehr dicht ist und dessen Energien, Farben und Formen sehr komprimiert sind. Mein Weg ist sehr

schmal geworden, und es ist mir nur durch meine Willenskraft und meine volle Überzeugung möglich, ihn zu gehen.

- Vor mir zeigt sich ein Berg, den ich zu besteigen beginne. Ein Weg führt sehr steil nach oben und umrundet ihn in seinem Verlauf. Ich gehe diesen Weg, der mich nach oben führt.
- Ich komme an einem See vorbei. Es ist ein silber-weißer See inmitten von weißen Felsen. Er lädt mich ein, einzutauchen, und es macht mir wirklich Freude, darin zu baden, zu schwimmen, zu tauchen. Das silber-weiße Wasser klärt mich. Es hat eine sehr starke Reinigungskraft, und ich tauche tief hinein. Beim Tauchen erreiche ich einen Lichtkanal, der ganz unten in den Tiefen des Sees beginnt. Ich passe genau hindurch und schwimme durch eine Schleuse.
- Dabei komme ich in einen silber-weißen Lichtkanal. Er führt mich senkrecht nach oben. Mein Geist ist geklärt und mein Körper gereinigt, und in dieser Klarheit und Reinheit öffnet sich mir eine helle, weiß-silbern leuchtende Höhle. In der Höhle brennt ein Licht, das einem Lagerfeuer ähnelt und den gesamten Raum ausleuchtet.
- Ich setze mich zum Licht und halte ihm meine Hände entgegen. Meine Hände nehmen das Licht in sich auf. Es ist das Licht des kosmischen Chakras des kosmischen Geistes. Ich spüre seine Kräfte, seine Energien und seine Liebe.

- Ich kann in die Lichtquelle des Chakras eintreten. Es ist ein erfüllendes Gefühl. Ich spüre es in meinem Kronenchakra, das sich weit öffnet. Ich spüre meinen Geistkörper, wie er sich mit dem Licht des kosmischen Chakras des kosmischen Geistes erfüllt.
- Ein Lichtaustausch findet statt, das kosmische Chakra erneuert und erfüllt meinen Geistkörper. Gleichzeitig spüre ich auf Körperebene, dass in meinem Kopfbereich, in meinem Herzbereich und in meinem Bauchbereich das Licht zu fließen beginnt. Alte Strukturen, Muster und Abspeicherungen meines alten Geistes, meines alten Verstandesdenkens und meiner alten Egostruktur werden gereinigt. Es werden alte und teilweise dunkle Energien aus mir ausgeleitet.
- Eine neue Struktur beginnt sich zu bilden. Silberne Fäden ziehen sich durch meinen Körper und meine Energieschichten. Ein Gitternetz aus Energielinien des kosmischen Geistes webt sich um meinen Kopf und meinen Brust- und Bauchbereich. Es sind silberne Fäden mit weißen Verbindungspunkten.
- Das kosmische Gitternetz zeichnet sich in meinem Geistkörper ab.
- An allen weißen Verbindungspunkten innerhalb des Gitternetzes blinkt weißes Licht. Es sind Lichtimpulse, die von diesen Punkten aus in das gesamte Gitternetz gesandt werden. So breitet sich das Feld der kosmischen Energien in mir aus.

Ich erhalte Erleuchtung und Erfüllung vom kosmischen Chakra des kosmischen Geistes und bin bereit, in das Zentrum des Chakras gehen.

- Ich stehe im Mittelpunkt des Chakras, in dessen innerstem Raum ein Lichtzentrum liegt, das Impulse aussendet. Das Licht integriert sich als Gesamteinheit in mir. Ich stehe inmitten des Lichts, das mich gleichzeitig von oben nach unten und von unten nach oben erleuchtet. Dabei bilden sich zwei entgegengesetzte Lichtkreisläufe.
- In diesen Lichtkreisläufen gibt es zwei entgegengesetzte Energieringe, einen rechtsdrehenden und einen linksdrehenden, die Lichtwellen aussenden.
- Sie dringen bis in mein Herz, in mein Gehirn und in mein Hara ein. In allen drei Körperebenen setzt sich ein Lichtpunkt ab, der weiterhin die Wellen der beiden entgegengesetzten Lichtringe empfängt.

Das ist ein komplexes Bild mit einem sehr komplexen Ablauf.

- Im Herzzentrum manifestiert sich die kosmische Liebe, die vom kosmischen Geist gesteuert wird.
- Im Hara verwirklicht sich die kosmische Stärke, die vom kosmischen Geist gesteuert wird.
- Im Kopfbereich manifestiert sich der kosmische Geist, der vom kosmischen Chakra des kosmischen Geistes seine Impulse erhält.

Ich lasse es geschehen und öffne mich den Prozessen. Es wirken das kosmische Gitternetz, die kosmischen Lichtpunkte und die kosmischen Wellen. Eine gesamtheitliche Wandlung, Umstrukturierung und Erleuchtung finden statt.

Die Lichtenergien des kosmischen Geistes haben sich in mir integriert. Sie bewirken meine Absolution in der geistigen Ausrichtung und die Wahrhaftigkeit von Weisheit, Stärke und Liebe in mir. Ich verwirkliche den sich zeigenden Weg. Es ist ein neuer Weg, denn es sind neue Energien, die mir zur Verfügung stehen. Die alten Formationen wurden transformiert, und der Prozess der Ausleitung wurde vollzogen.

Der kosmische Geist steht nicht über der Materie, er ist Geist und Materie gleichzeitig. Der kosmische Geist kennt keine Trennung von Geist und Materie, denn er ist in allem manifestiert. Er ist Geist, er ist Körper, er ist allumfassend und allgegenwärtig. Seine Weisheit, Liebe und Stärke sind in der Materie manifest. Er ist in der Manifestation der drei göttlichen Attribute. Der kosmische Geist ist unauslöschbar. Sein Licht ist Einheit und in allem enthalten.

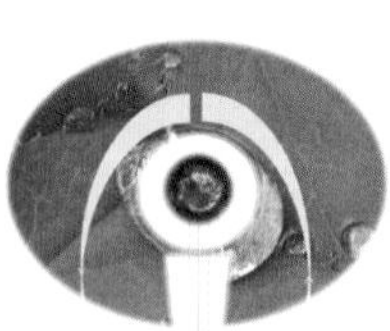

Kosmische Lebens-Lemniskate

Ich bin auf energetischer Ebene in der Lichtverbindung zu den kosmischen Chakren, und ich bin im kosmischen Chakrenraum, um seine Energien und sein Licht zu empfangen. Der Vater lenkt sie in mich, um mir Stabilität in meinem Integrationsprozess zu geben. Ich spüre die Energien aller bereits integrierten Chakren. Sie bilden einen Lichtwirbel in mir und um mich herum.

- Der Fluss der gesamten vereinten kosmischen Energien zeigt sich mir. Eine vertikale Lemniskate erscheint darin. Das Zentrum ist mein Herzzentrum, in dem die beiden Achterschleifen zusammenlaufen.
- Ich erkenne, dass es eine Doppel-Acht ist. Es laufen zwei entgegengesetzte Energiebahnen nebeneinander.
- Oberhalb der Lemniskate erscheint noch ein dritter Lichtkreis. Er steht nicht in Verbindung mit den unteren beiden, sondern trägt andere Energien in sich.

(Das kann man sehr gut auf dem Bild auf Seite 61 erkennen)

Die Lemniskate des höheren kosmischen Bewusstseins hat sich mir offenbart. Das erzeugt in mir die Absolution meiner Vertikalität und die Absolution der Integrität der kosmischen Chakren. Dieser Energiefluss besteht immer aus zwei Linien, die gegengleich verlaufen, weil es dem kosmisches Gesetz entspricht, dass immer alles inbegriffen sein muss, sowohl das Außen, als auch das Innen des Lichts. Das ist die Doppelläufigkeit des Lichts. So behält der Fluss gleichzeitig seine Dynamik und Statik.

Bei diesen Prozessen der Lichterweiterung ist das Integrieren der Doppelläufigkeit der Lemniskate sehr wichtig. Ich verstehe dabei, dass nichts voneinander getrennt und das Meer aller Möglichkeiten im Fluss des Allumfassenden enthalten ist.

Der dritte Lichtkreis ist der göttliche Lichtkreis. Er steht an höchster Stelle und erschafft aus sich heraus das Göttliche. Ich sehe den göttlichen Lichtkreis über meiner kosmischen Lebens-Lemniskate. Das bedeutet, dass das göttliche Licht mich erleuchtet und sich aus mir heraus erschafft.

Die göttlichen Lichtimpulse fließen unaufhörlich aus dem Lichtkreis in meine Lemniskate. Das erschafft in mir den göttlichen Lebensimpuls, die göttliche Lebensweise, das göttliche Wissen. Die drei göttlichen Attribute von Weisheit, Liebe und Stärke werden in mir verstärkt und können von mir zum Ausdruck gebracht werden.

Denn je höher meine Entwicklung, desto höher der göttliche Ausdruck.

Integration des Lichtimplantats in die Lemniskate

Kosmische Lebens-Lemniskate im Lichtfluss der Unendlichkeit und Ewigkeit

Je höher die Entwicklung und die Lebensenergien werden, desto mehr öffnet sich der Lichtkanal der Lemniskate. Er wird transparenter und allumfassender. Er entwickelt sich von der geschlossenen Acht hin zum Kelch des Gottesmenschen und kehrt ein in den Lichtkreis der Göttlichkeit.

Es ist sehr wichtig und ein großer Schritt in der Entwicklung, die Lemniskaten-Form erreicht zu haben, denn der Kelch des Gottesmenschen ist eine der höchsten Entwicklungsstufen, die der Mensch erreichen kann. Die meisten Menschen besitzen nur einen geschlossenen, von dunklen Energien durchleuchteten und zerrissenen Lichtkreis, der fernab vom göttlichen Lichtkreis zu finden ist.

Meine Entwicklung durch die kosmischen Chakren brachte mich in diese hohe Form der Lebensenergien, sodass sich die Lemniskate verwirklichen konnte. Durch meine Anbindung an die kosmischen Chakren entwickelte sich sogar die doppelläufige Lemniskate. Das ist die alles umfassende Achterschleife.

Ich kann jederzeit mit dem göttlichen Lichtkreis aktiv in Verbindung treten, denn die göttlichen Impulse fließen fortwährend und unaufhörlich in meine Lemniskate ein.

So kann ich eine aktive Verbindung herstellen, um Themenbereiche zu klären Ich kann damit Körperreaktionen während meiner Umstellungsphase zur Lichterfüllung meines Körpers normieren. Dazu verbinde ich mein Lichtimplantat, das ich in meinem Thymuschakra aktiviert habe, mit dem göttlichen Lichtkreis und lasse den Fluss des Lichts gezielt in der Doppelläufigkeit des kosmischen Lichts einfließen.

- Jetzt nehme ich meine kosmische Lebens-Lemniskate wahr: ihre Vielfältigkeit an Farben und ihre Doppelläufigkeit in beide Richtungen. Oberhalb der Lemniskate zeigen sich der göttliche Lichtkreis und seine Lichtimpulse, die mich erreichen.
- Ich fokussiere mich auf mein Lichtimplantat in den Tiefen meines Thymuschakras. Es leuchtet hell im reinsten weiß-goldenen Licht. Es ist sowohl im unteren Lichtkreis meiner Lemniskate als auch im oberen Lichtkreis vorhanden, es ist in beiden verankert und versorgt beide Energiesysteme mit Licht.

Es gibt eine Verbindung zwischen dem Lichtimplantat und dem göttlichen Lichtkreis, die ich intensiviere.

- Ich verstärke den Fluss des Lichts und seiner Energien, und als Antwort erhalte ich vom göttlichen Lichtkreis einen Lichtimpuls, der die Form einer goldenen Lichtkugel annimmt. Der Vater sendet sehr starke Energien in Form dieser Lichtkugel in mein Lichtimplantat, und von dort aus verteilen sich das Licht und die Energien auf meine Lemniskate.
- In der unteren Hälfte der Lemniskate entsteht ein vertikaler Lichtkanal, der sich bis weit hinauf in die obere Hälfte der Lemniskate erstreckt. Ein vertikaler Lichtkanal steht innerhalb der Lemniskate und leuchtet in hellem Gold. Das Licht der Unendlichkeit.

- Aus dem Herzzentrum heraus, das der Verbindungspunkt zwischen den beiden Lemniskaten-Hälften ist, entwickelt sich ein horizontaler Lichtkanal. Das Licht der Ewigkeit.

So ist nun die Integration des göttlichen Lichts vollzogen. Ich kann aus dem Fluss der Unendlichkeit und der Ewigkeit schöpfen. Mein Lichtimplantat ist mit der Unendlichkeit verbunden, das bedeutet, dass der Fluss unerschöpflich ist.

Die Lebens-Lemniskate zeigt im unteren Laufzyklus die physische Körperebene auf. Alle seine grobstofflichen Körperbereiche.

Die obere Lemniskaten-Hälfte zeigt den feinstofflichen Körperbereich.

Das Lichtimplantat war deshalb in beiden Hälften wahrnehmbar, weil es allumfassend ist. Beide Hälften bilden eine Einheit und sind nicht voneinander trennbar. Sie waren niemals voneinander getrennt, nur nicht als Einheit wahrnehmbar.

Deshalb ist für den unentwickelten Menschen, wenn er beginnt, seinen Lichtkörper wahrzunehmen, meistens nur ein einfacher Kreis sichtbar, also die Körperform des Menschen. Dabei liegt die obere Hälfte hinter einem Schleier versteckt. Das ist der Schleier der Dualität, der sich als Wand der irrealen Trennung erweist. So kann der Mensch die Einheit in sich selbst nicht erkennen und auch nicht verstehen.

Der aufgestiegene und entwickelte Mensch sieht die Gesamtheit und Einheit. Er entwickelt sich in dieser unverschleierten Realität. Der noch nicht erwachte und entwickelte Mensch sieht nur die Scheinbilder und den Schleier der Dualität. Aber sobald er sich entscheidet, die irreale Scheinwelt zu verlassen, zeigen sich ihm die wahren Bilder der unverschleierten Realität.

Der erwachte Mensch geht diesen Weg und erfährt mit jedem Schritt seiner Realitätserweiterung die Wandlung zum Licht. Er sieht das Licht und seine Realität, also kann ihn die Scheinwelt nicht mehr irreführen.

Das Licht der Heiligen Göttlichkeit

Jesus sprach:

Du bist gekommen, um zu empfangen, also hast du empfangen. Jeder, der zu mir kommt, um zu empfangen, wird von mir beschert. Das Licht der Heiligen Göttlichkeit hat sich in deinem Herzen geöffnet, um dich in die Herrlichkeit des Lichts zu führen. Die finsteren Wege sind vorüber, das Licht ist dir eröffnet, und so haben sich dir die lichten Wege geöffnet. Dieses Licht steht über allem, denn es ist das der Heiligen Göttlichkeit. Kein Mensch kann es lenken, übertragen, nur ich, der Sohn Gottes, kann das. Du bist gekommen, um in deinem geklärten Herzen zu empfangen, so sei es, und es möge geschehen. Das Licht, das du jetzt in dir trägst, erleuchtet von innen heraus alle deine Seinsbereiche, alle deine Wirkbereiche. Es ist grenzenlos und unauslöschlich. Geh in die Welt hinaus, bringe es in die Räume, zu denen du gesandt wirst und in denen du deine Aufgaben zu erfüllen hast.

Denn es ist das Gesetz der Göttlichkeit, dass das Licht der Heiligen Göttlichkeit nicht überschattet werden kann. Verstehe das: In den Räumen, die du mit Licht erleuchtest, müssen das Dunkle, der Schatten und der Schleier weichen. Das Licht kann nicht verschleiert und auch nicht getrübt werden. Es ist der Wille des Vaters, dass du das Licht in die Welt trägst, es verbreitest und alle Wege, die sich dir zeigen, für das Licht öffnest.

Das geschieht durch dein Sein in der absoluten Herzenspräsenz, durch deine Präsenz im Licht der Heiligen Göttlichkeit. Deine Aufgabe ist es, aus deinem Herzen heraus zu leuchten, nichts weiter. Das ist dein Weg, deine Berufung: Wahrhaftig zu sein als lichtbringender Bote des Gottvaters.

Dein Weg im Irdischen ist geprägt von dieser Lichtspur. Du hast sie schon immer hinterlassen, doch in einer anderen Form der Lichtbringung. Licht war schon immer dein Wegbegleiter, doch war es immer an deine äußere Form gebunden, weil du durch verschiedene Schattenbereiche gehen musstest, um sie in dir zu erlösen. Jetzt aber ist der Moment der Erleuchtung gekommen. Du hast die nächsthöhere Stufe des Lichts erreicht. All die vorigen Lichtprägungen sind von dir genommen. Jetzt ist das heilige Gotteslicht in dir entfacht, und aus deinem Herzzentrum, dem Zentrum des Lichts in dir, fließt das Licht in alle deine Seinsebenen.

Nichts Dunkles kann bestehen bleiben, wenn es vom Licht der Heiligen Göttlichkeit berührt und erleuchtet wird. So, wie in dir der gesamte Seinsbereich erleuchtet und eröffnet wurde, geschieht das auf allen Ebenen, sowohl im Außen, als auch im Innen.

Es ist Großes geschehen. Die Ebenen, in denen du stehst, wurden gewechselt. Es sind neue Wege entstanden, die dich zum Licht führen. Licht ist in dir gewachsen. Wie ein Samenkorn wurden das Licht und sein Entwicklungsprozess von dir gegossen, bis er zu keimen begann und seiner selbst entwuchs, um zum Größten und Bestmöglichen zu wachsen. Das Licht gießt den Samen, und der Samen entspringt dem Licht. Denn aus dem Licht sind die Form und die Schöpfung entstanden.

Daher ist es so wichtig, im Licht zu gehen, seinen Weg im Licht zu finden und sich nach ihm auszurichten.

Während deines Entwicklungsprozesses ist von dir die Aktivität des reinsten Lichts zu verfolgen und zu realisieren. Das bedeutet, dass du deinen Fokus stets dem Licht zuwendest, dass du an den Schattenseiten vorübergehst, ihnen keine Aufmerksamkeit schenkst und dadurch nicht in die Fallen der Dualität trittst. Dabei ist es wichtig, dass du vorwärtsgehst und nicht wieder in alte Räume der karmischen Verstrickungen zurückfällst. Sie sind von dir genommen, du brauchst sie nicht mehr zu betreten.

Somit stehen für dich neue Wege bereit, du stehst schon auf ihnen. Geh einfach vorwärts im Licht der Heiligen Göttlichkeit. Sei dir gewiss, dass nur der Vater, der Schöpfer allen Seins, hinter allem steht und in allem wirkt. Nichts geschieht aus dem Zufall heraus, alles hat seine Sinnhaftigkeit, so, wie deine Reise ins Licht der kosmischen Chakren.

Nach den Worten von Jesus begann sich in mir das Bild des kosmischen Chakras zu formen, das das Licht der Heiligen Göttlichkeit Jesu versinnbildlicht.

Göttliches Lichtchakra

Ich kann meine Lichtvollkommenheit und Lichtverbundenheit zum Vater spüren. Aus meinem Herzzentrum fließt Licht. Es ist das Licht, das aus dem Schöpferherzen zu mir fließt. Ich fühle das Einssein mit dem Licht und dem Vater in all meinen Körperebenen und Dimensionen.

- Ich bin im Licht. Ich bin das Licht.

Nur das Licht zählt für mich als Lichtwesen, nur die Übereinstimmung mit meinen Lichtebenen. Es gibt im kosmischen Chakrenraum ein überdimensioniertes Licht, das gesamtheitliche Licht, ich kann es mit dem Ur-Licht vergleichen. Es ist das göttliche Licht, das über allen Lichtebenen steht und alle Ebenen mit dem Licht der Ur-Essenz und der Ur-Göttlichkeit versorgt.

Das Chakra des göttlichen Lichts öffnet sich mir heute. Dabei erhalte ich die Anbindung an seine Lichtquelle, das göttliche, überdimensionierte Licht.

Ich erkenne im kosmischen Chakrenraum das sich zeigende göttliche Lichtchakra. Es ist in der darüberliegenden, überdimensionierten Ebene zu finden und wird mir seine Lichtbahnen senden. Ich öffne mein Herz und mein Lichtzentrum, ich öffne mein gesamtes Energiesystem, um zu empfangen, und es wird geschehen.

- Ich bin im Raum der kosmischen Chakren. Ich nehme seine Vielfältigkeit und seine Allumfassenheit wahr. Das ist das Licht, das aus jedem der kosmischen Chakren strahlt. Es ist das Licht, das in allem enthalten ist, weil der Schöpfer es in seiner Schöpfung initiiert.

- Es zeigen sich mir Verbindungslinien, die alle Chakren mit einem gesamtheitlichen überdimensionierten Licht verbinden. Sie verlaufen alle in das kosmische göttliche Lichtchakra.
- Vor mir zeigt sich ein Lichtkanal, mit dem ich mich verbinden kann. Doch es gibt noch alte Verbindungslinien und Verbindungkanäle, die aufgelöst werden müssen.
- Ich sehe, dass es Ankerpunkte in meinem Körper gibt, die mich an die untere Ebene binden und mir nicht die Freiheit gewähren, aufzusteigen.

Es ist mein freier Wille, der mich an die untere Ebene bindet, und es ist mein freier Wille, sie zu verlassen. Mein Geist steht über der Materie. Ich bin also in der Ausrichtung meines Geistes, stelle meinen Geist vor meinen Körper und löse mich aus den Ebenen der Verankerungen.

Beim folgenden Loslösungsprozess durchtrenne ich alle Verbindungslinien und bahne mir meinen neuen Weg:

- Ich sehe vor mir einen unendlich erscheinenden Dschungel. Es ist ein wildbewachsener, überwucherter Urwald, und mein Weg führt genau hindurch. Da ich dadurch muss, ist es notwendig, dass ich mir den Weg freimache.
- Ich halte eine großes Machete in meinen Händen, befreie den Weg von allem Wildwuchs und komme

dabei sehr rasch vorwärts. Währenddessen erfahre ich bereits Leichtigkeit und kann sogar meinen Weg in den oberen Ebenen des Dschungels fortsetzen. Ich schwinge mich mit Lianen über die Baumkronen hinweg, von Baum zu Baum, und so komme ich noch schneller vorwärts. Dabei kann ich von oben bereits das Ende des Dschungels sehen. Ich habe mich durch die letzten Baumkronen hindurchgeschwungen und den Urwald hinter mir gelassen.

- Vor mir zeigt sich ein langes, karges Feld mit vielen Kakteen. Durch all die Stacheln hindurchzugehen ist schwieriger, als ich dachte, doch ich durchquere auch dieses Feld in aller Leichtigkeit. So komme ich zu einem freien Feld, und vor mir zeigt sich ein Berg.
- Es wird schon dunkel, und der Mond löst die Sonne ab. Jetzt scheint das Mondlicht auf den Berg, und ich sehe vor dem Berg einen Fluss. Diesen muss ich noch durchqueren, bevor ich zum Berg komme.
- Ich schwimme durch das Wasser und komme sehr rasch am anderen Ufer an. Jetzt stehe ich unmittelbar vor dem Berg, der sehr mächtig und groß ist.
- Ganz oben erkenne ich einen Lichtpunkt, der das kosmische göttliche Licht reflektiert. Dieser Punkt steht in Verbindung mit dem kosmischen göttlichen Lichtchakra.
- Ich suche nach einem Weg, der nach oben führt, als sich vor mir ein steinerner Weg aus großen Steinplatten zeigt, die den Weg bilden. Sie leuchten im

Mondlicht. So kann ich den sicheren Weg erkennen und bergauf gehen. Es ist ein steiler Weg, doch ich habe so viel Kraft und Herzensenergie, dass ich nicht müde werde. Ganz im Gegenteil, je höher ich komme, desto kräftiger und energievoller werde ich.

- Das Licht zieht mich nach oben. Es unterstützt mich und hilft mir, vorwärtszukommen. Ich habe schon die Hälfte des Berges erklommen und blicke zurück in das im Dunkel liegende Tal. Ich sehe den Fluss im Licht glänzen, und ich sehe den Dschungel. Froh, das alles hinter mir gelassen zu haben, wende ich mich wieder dem Aufstiegsweg zu. Ich schaue nach oben und sehe das Licht.
- Ich erkenne, dass der gesamte Berggipfel im Licht erleuchtet ist. Es ist das Licht des göttlichen Lichtchakras, das überdimensionierte Licht der Schöpfung. Der erleuchtete Berg und das göttliche Licht sind ein beeindruckender Anblick. Das Licht steht genau über dem Berg und erleuchtet den Berggipfel, sodass er zur Krone des Lichts wird. Ich gehe weiter bergauf, und mit jedem Schritt werde ich immer mehr eins mit dem Berg, dem Berggipfel und dem Licht.
- Jetzt sind es nur noch wenige Meter bis zum Plateau. Mein Herz ist weit geöffnet. Alle meine Energiesysteme sind weit geöffnet. Alle meine Seinsebenen und Körperbereiche sind offen, um zu empfangen.

- Mein Lichtkörper ähnelt einem Kelch, der sich nach oben geöffnet hat, um zu empfangen, sich zu erfüllen und Licht in sich zu tragen. Es sind nur noch wenige Schritte, und ich komme an das Ende des Weges. Hier enden die Steine des Weges, die mich geführt haben. Der gesamte Boden ist nur noch Licht.
- Ich springe von der letzten Steinplatte direkt ins Licht. Es gibt keinen Halt unter den Beinen, ich versinke im Licht, verliere mich als Person im Licht und verliere jegliche Orientierung von oben und unten. Es ist Licht um mich, und ich bin Licht.
- Langsam beginnt mein System sich zu orientieren. Ich finde mich wieder auf dem höchsten Punkt des Berggipfels. Dort zeigt sich ein Leuchtturm, der mich nach oben führt zur Quelle des Lichts, direkt zum Lichtchakra. Ein Lichtstrahl nimmt mich in Empfang und führt mich in kreisartigen Bewegungen durch eine Lichtspirale nach oben. Es wirbelt mich nach innen und gleichzeitig nach oben, bis ich unmittelbar vor dem Lichtchakra stehe. Es empfängt mich mit seinem Licht.

Es ist ein unbeschreibliches Licht mit einer unbeschreiblichen Energie. Über mein Kronenchakra, mein Himmelsstern-Chakra und mein Engelchakra[5] empfange ich die Energien. Diese drei Chakren sind für das Empfangen und Übertragen vorgesehen. Mein Herzlichtzentrum

5 Das Engelchakra befindet sich am Rücken, auf Höhe des Herzchakras, in ihm trägst du die Engelessenz.

ist noch zusätzlich für die Übertragung vorgesehen. Mein Herzzentrum ist der Lichtträger und der Lichtbote in mir.

- Mein Himmelsstern-Chakra beginnt sich mit dem göttlichen Chakrenlicht zu füllen. Darin bildet sich ein Speicherkristall des göttlichen Lichts. Er ist kristallklar, füllt sich von innen heraus mit dem Licht und speichert es in sich.
- Der Lichtkanal, über den ich jetzt mit dem kosmischen göttlichen Lichtchakra verbunden bin, nährt die Chakren mit seinem Licht und versorgt die Speicherkristalle, sodass sie stets in der Fülle des Lichts sind.
- Mein Kronenchakra leuchtet durch den Speicherkristall in völlig neuem Licht. Es ist enorm geweitet und lichtempfänglich geworden.
- Mein Himmelsstern-Chakra ist in die Erweiterung gekommen. Es ist aus der befangenen Seinsebene in die lichterfüllte, freie Himmelsebene aufgestiegen und leuchtet dort mit völlig neuer Leuchtkraft.
- Mein Engelchakra hat sich in mir aktiviert und ist in noch engere Kooperation mit meinem feinstofflichen Körper gegangen. Zarte Lichttöne und -farben werden über das Engelchakra empfangen und ausgesendet.

Jetzt ist der Prozess der Integration und Erfüllung abgeschlossen. In mir sind die Speicherkristalle des göttlichen Lichts integriert. Sie sind für meinen Energiehaushalt sehr wichtig, weil sie mich auf allen Ebenen mit dem göttlichen Licht versorgen. Die Versorgung wird kosmisch gelenkt und durchgeführt. Es ist eine Automation in der Lichtenergie, die unerschöpflich ist.

Ich habe den Berg meiner Erleuchtung bestiegen und alle Hürden und Fehlwege überwunden. Jetzt ist mein System bereit, in den Höhen des Seins zu verweilen. Der Kelch der Offenbarung hat begonnen, sich in mir zu zeigen. Der Kelch der Wahrhaftigkeit des Gottmenschen ist bereits in mir vorhanden. Es ist ein Weg, der mich zum Gottesmenschen werden lässt. Ein unaufhörlicher, unentwegter Aufstieg in meiner Entwicklung.

Das Licht des Göttlichen Lichtchakras begrüßt mich, und ich lasse mich durch diese Ebene führen, damit mir jene Stabilität und Kraft vermittelt werden, die mich zum wahrhaftigen Träger des Lichts werden lassen. Die Integration ist erfolgt, die Verkörperung wird erfolgen. Ich lasse dieses Stadium auf mich wirken. Ich bin im Gewahrsein meiner drei Lichtträger (Kronenchakra, Himmelsstern-Chakra, Engelchakra). Ich spüre meine Speicherkristalle, die mich aus den drei Ebenen erleuchten. Die Erfüllung und Erleuchtung auf der Ebene des göttlichen Lichtchakras finden statt.

Kosmisches Engelchakra

Mein Herz ist weit und offen für das Licht des kosmischen göttlichen Lichtchakras. Mein Kronenchakra, mein Himmelsstern-Chakra und mein Engelchakra empfangen das Licht. Es entsteht eine Dreier-Vereinigung der Chakren. Das kosmische Licht erhöht ihre Schwingungen, sodass die drei Chakren das Licht in ihren Speicherkristallen empfangen können. Die Speicher füllen sich von allein, und mein Herzchakra steht mit den drei Speicherkristallen in Verbindung. Es empfängt von ihnen das Licht.

Alles ist im Fluss des kosmischen göttlichen Lichts.

Auf der Rückseite meines Oberkörpers spüre ich mein Engelchakra[6]. Es wurde durch die Aktivierung und Lichterfüllung im kosmischen Energieraum aktiviert.

Es ist mir jetzt möglich, das kosmische Engelchakra wahrzunehmen. Es zieht mich stark zu sich, und ein großer rosa-goldener-violetter Lichtstrahl empfängt mich.

- Über mein Engelchakra empfange ich die Energien des kosmischen Engelchakras. Sie kommen in Wellen und in Klangimpulsen. Es sind sehr liebliche und harmonische Klänge.
- Die rosa und violetten Sphären erschaffen in mir ein Feld der Harmonie und des Einklangs mit den kosmischen Klängen und Impulsen.
- Die goldenen Sphären sind geradlinig und wirken direkt über Energieimpulse in das Engelchakra meines Energiekörpers. Sie erschaffen Klarheit, Rein-

6 Das Engelchakra ist in deinem Energiekörper integriert. Es steht in direkter Verbindung zu deinem Herzchakra und deinem Thymuschakra. Dort bildet es ein dynamisches Lichtfeld.

heit und Direktheit im Ausdruck der kosmischen Energien.

So wirken die Sphären klärend, normierend, harmonisierend und ausrichtend auf mich. Es ist ein Einschwingen auf das kosmische Engelchakra.

Ich spüre die Loslösung alter Muster. Ich spüre das Abstreifen alter Mäntel und Strukturen. Ein neues Wesen wird in mir erweckt, meine neue Struktur kann sich in mir entfalten. Jetzt sind mein Energiekörper, mein Seelenkörper, mein Geistkörper und mein physischer Körper bereit, die neue Struktur in sich aufzunehmen.

- Ein Lichtportal zeigt sich vor mir. Es ist das Eingangstor in den Energiekörper des kosmischen Engelchakras.
- Die Schwingung erhöht sich immer mehr, und ich spüre die Leichtigkeit meines Körpers, als würden mich meine Flügel tragen. Mein Energiekörper ist frei und leicht, sodass ich bereit bin, durch das Tor, das sich zu zeigen beginnt, hindurchzufliegen.
- Das Tor ist weit geöffnet, und es empfangen mich kosmische Klänge und Energien des Engelchakras. Sie tragen mich durch das Tor, und ich trete ein in den Energiekörper des kosmischen Chakras.
- Ich fühle sehr große Liebe und Erfüllung in mir, große Freude und Glückseligkeit.
- Im Inneren des Chakras zeigt sich ein Lichttempel. Seine Säulen sind reinstes Licht, seine Räume tra-

gen die höchste Energie der Liebe in sich. Es ist mir möglich, den Tempel zu betreten, und ich empfange die Liebe, das Licht und die Harmonie des kosmischen Engelchakras. Das Licht erfüllt mich, die Liebe hat sich in mir integriert.

- Vor mir, in mir und um mich herum ist das unendliche Licht des kosmischen Chakras. Ich stehe im Zentrum des Lichttempels. Ich stehe vor der Quelle des Lichts. Es ist eine unendliche Quelle an Licht und Liebe, die aus der Ewigkeit in die Unendlichkeit fließt und mich über den Kreuzungspunkt in das allgegenwärtige Jetzt führt.
- An diesem Kreuzungspunkt entsteht Gesamtheitlichkeit. Es erscheinen Engelwesen um mich herum, die meinen Integrationsprozess und meine Jetztpräsenz unterstützen.
- Alles in mir und um mich herum ist gesamtheitlich und allumfassend geworden. Die volle Integration meines erwachten und erleuchteten Engelchakras ist erfolgt.
- Der Lichttempel beginnt sich im Engelchakra meines Energiekörpers aufzubauen. Das Licht fließt aus meinem Tempel in meinen Körper. Die Quelle des unendlichen und ewiglichen Lichts hat sich in mir manifestiert. Mein Gesamtkörper ist im Lichttempel integriert. Er steht im Mittelpunkt und im Vordergrund meines Gesamtkörpers.

Es gibt keine Trennung zwischen den verschiedenen Körperebenen. Jede Säule des Tempels steht für eine meiner Körperebenen. Der Tempel ist siebensäulig, und in jeder Säule fließt das unendliche und ewigliche Licht. Das Zentrum des Tempels ist die Quelle des Lichts, das sich aus der Unendlichkeit und Ewigkeit über das allgegenwärtige Jetzt in alle meine Energieebenen ergießt. Ein wunderbarer Erfüllungs- und Eröffnungsprozess findet in mir statt.

Ich bin auf die Erde gekommen, um als Engelwesen das Licht zu bringen. Meine Liebe und mein Licht entwickeln über die kosmischen Chakren eine neue Ausdruckskraft und ein neues Potenzial meiner Wirkkraft. Das Engelchakra hat in mir den Raum meiner Engelpräsenz eröffnet, sodass ich, gemäß der Ausdruckskraft als Engelbote, im Licht und in der Liebe wirken kann. Die Integration ist vollendet, mein Leben kann sich jetzt in die neue Form der Liebe und des Lichts wandeln.

Das Erlernen der Selbstlosigkeit, der Hingabe und des Dienens ist für mich wichtig, ich werde dadurch reifen und meisterlich in der Verkörperung meiner Kräfte werden. Alle meine Sinne, meine Wahrnehmungskräfte, meine Ausdruckskräfte sind in den Hintergrund getreten, nur noch die Kräfte der unendlichen Liebe und des ewiglichen Lichts stehen im Vordergrund.

Die Welt braucht die Form des Lichts und der Liebe eines Engelboten, denn nur seine Bedingungslosigkeit und Selbstlosigkeit im Sein als Engelbote können Veränderungen mit sich bringen. Jeder Verstand und jedes Ego bringt als Ergebnis nur Dualität in seinem Handeln hervor, doch die unendliche Liebe und das ewigliche Licht bringen Einheit auf die Erde.

Ich nehme wahr, dass nur noch die Liebe und das Licht meinem Wirken zur Verfügung stehen. Alle anderen Programme einer egoverhafteten Seinsform sind von mir gewichen, weil der Tempel des kosmischen Engelchakras in mir manifest ist und sich die Quelle aus mir heraus ergießt.

Das war der Prozess der Vereinigung und der Verschmelzung zwischen mir und dem kosmischen Engelchakra. Absolute Einheit, Übereinstimmung und Harmonie sind in mir integriert. Die daraus folgende Glückseligkeit, Erfüllung und Liebe erschaffen in mir das Feld aller Möglichkeiten, aus dem heraus ich schöpfe und wirke. Ein neues Leben auf einer neuen Ebene eröffnet sich mir mit jedem Schritt der Integrationsprozesse innerhalb der kosmischen Chakren. In mir entstehen und aus meinem Inneren entstehen neue Impulse der neuen Liebe und des neuen Lichts. Ich gebe mich ihnen hin.

Ich beziehe das Licht aus mir selbst, denn ich bin Lichtträger des kosmischen Engelchakras. Ich bin das Licht, und ich bin die Liebe auf allen Ebenen meines Seins. Reinstes Sein im Licht als das Licht, das ist mein Weg.

Aufstieg des Himmelsstern-Chakras zum Gottesstern

Ich bin in der Lichtpräsenz des Vaters. Mein Herz ist eins mit dem Schöpferherz. Ich bin mit der Ebene der kosmischen Chakren verbunden. Mein Himmelsstern leuchtet hell auf, und auch mein Engelchakra und mein Kronenchakra sind mit dem kosmischen Engelchakra verbunden und vereint. Mein Herzzentrum ist weit und offen und strahlt das Licht des kosmischen Engelchakras aus. Die sieben Säulen des Tempels des kosmischen Engelchakras stehen in mir, und auch sein Lichtzentrum strahlt aus mir heraus. Es zeigt sich mir der Gottesstern.

Der Gottesstern ist das oberste Chakra der Gottesebene. Er steht weit über dem kosmischen Chakrenfeld. Durch meine Aufstiegsentwicklungen innerhalb der kosmischen Chakren ist es mir gelungen, mich mit den darüberliegenden Energiezentren zu verbinden und Kontakt aufzunehmen. Das sind die Energien der Gottesebene. Die Gottesebene ist der kosmischen Chakrenebene übergeordnet. Ich kann diese Energien bereits spüren, und mein Himmelsstern-Chakra kann in Verbindung mit dem Gottesstern treten, um von ihm das Licht zu empfangen.

Dafür schwinge ich mich auf das höchstes Potenzial meiner Schwingungsfrequenz ein. Ich gehe in die absolute Transparenz meines Lichtkörpers und nehme über meinen hohen Geist wahr, welche Energien aus der Gottesebene in mich fließen. Der Gottesstern wird mich mit seinen Energien führen. Ich verstehe, dass der Gottesstern der Gottesebene gleichzusetzen ist mit meinem Himmelsstern-Chakra auf Energiekörperebene. Es ist also die höchste zu erreichende Lichtebene im Schöpferraum.

Die sieben Hauptchakren und die dazugehörenden Nebenchakren sind ab einem gewissen Grad der Entwicklung sehr rasch erschließ- und auch erkennbar. Die erweiterten Chakren, die bis zum Erdenstern und zum Seelenstern reichen, sind ab einer mittleren Entwicklungsstufe ebenfalls erreichbar und in das Bewusstseinsfeld integriert.

Die höheren Chakren, wie das Himmelsstern-Chakra, das Engelchakra und der Zugang zu den Kosmischen Chakren, sind erst ab einem höheren Bewusstseinsfeld wahrnehm- und verfügbar. Das Erreichen der Gottesebene und ihrer Energiezentren bedarf schon eines sehr hohen Bewusstseins und einer sehr hohen Lichttransparenz, um mit ihr in Kontakt treten und von ihr Energien empfangen zu können.

Ab jetzt ist es mir möglich, den Chakren der Gottesebene zu begegnen, und es zeigen sich abwechselnd, sowohl auf kosmischer Ebene als auch auf Gottesebene, Chakren beziehungsweise Energiezentren, die mich noch weiter in das höhere entwickelte Bewusstseinsfeld heben und mich darin integrieren werden.

- Ich verbinde mich mit meinem Himmelsstern. Ich gehe in sein tiefstes Inneres, in sein Energie- und Lichtzentrum, und nehme sein Energiefeld, seine Schwingung und sein Potenzial wahr.
- Ich erweitere meine Wahrnehmung, um mich den Energien des darüberliegenden Gottessterns hinzugeben und diese wahrzunehmen. Über meinen Himmelsstern empfange ich das Licht der Gottes-

ebene. Es möge in mir leuchten, es möge mich erfüllen, mich in die Absolution des Gotteslichts führen. Es mögen sich mir Seinsebenen zeigen, die mich auf meiner Aufstiegsleiter auf eine nächsthöhere Stufe steigen lassen.

- Mein Fokus ist auf mein Himmelsstern-Chakra gerichtet, das einen hell leuchtenden, gold-silber-weißen Licht-Energiekörper und neun Lichtstrahlen hat, die sternenartig aus dem Chakra leuchten. Es sind sehr kraftvolle Lichtstrahlen mit einem enormen Lichtpotenzial, die eine starke Schwingung aus Wellen und Strahlen erzeugen.
- Einerseits werden die Lichtimpulse über Wellen in meinen Licht-Energiekörper gesandt, andererseits werden Lichtstrahlen in das gesamte kosmische Feld gestrahlt, also wird auch auf die Makroebene eingewirkt.
- Durch meine Ausrichtung und meinen Fokus auf das Chakra kann ich das Lichtzentrum des Himmelssterns erkennen. Es ist ein neuneckiger Lichtquarz.
- An jeder der neun Ecken steht ein Lichtkreis, der dem Lichtquarz seine Dynamik verleiht. Der Lichtquarz ist das statische Element, die Lichtkreise an den Ecken sind die dynamischen Elemente. Der Quarz trägt goldene, silberne und weiße Farben in sich.
- Aus dem Lichtquarz führen Verbindungskanäle zu anderen Chakren meines hohen Chakrenfeldes. Sie

sind miteinander verbunden. Dabei kann ich mein Engelchakra stark aufleuchten sehen.

Zwischen der kosmischen Chakrenebene und der Gottesebene liegt eine Zwischenebene, die ein Trennfeld zwischen dem kosmischen Energiefeld und der Gottesebene ist. Nur durch das Erreichen eines sehr hohen Energiepotenzials ist es möglich, in die Gottesebene einzutreten. Dieser Übergangsprozess beginnt jetzt:

- Über mein Himmelsstern-Chakra komme ich in die pink-gelbe Zwischenebene. Sehr kräftige Farben und Energien empfangen mich. Ich spüre durch das Farb-Energiefeld Klärung in allen meinen Chakren des höheren Bewusstseins. Es werden Räume und Energien freigelegt und neue Verbindungskanäle aufgezeigt, sodass sich der Raum nach oben zu öffnen beginnt.
- Vor meinem Dritten Auge zeigt sich symbolisch das Sinnbild des Kelches. Über einen Lichtkanal wird er mit dem Licht der Gottesebene gefüllt. Ganz deutlich zeigt sich der Kelch, und im Inneren des Kelches befindet sich eine goldene Sphäre. Sie schwebt und strahlt. Ich erkenne darin, dass das mein Himmelsstern-Chakra ist.
- Während ich das wahrnehme, zeigt sich mir der Raum darüber. Die Zwischenebene wird transparent, und ich kann in das darüberliegende Feld, die Gottesebene, eintreten.

- Als Kelch ist es mir möglich, durch diese Ebene zu gehen, und als Kelch werde ich von der Energie des Gottessterns empfangen.
- Der Gottesstern steht unmittelbar über dem Kelch und sendet sein Licht in den Kelch. Er lässt alles darin erleuchten. Der gesamte Raum des Kelches erfüllt sich mit seinem Licht und all seinen Energien.
- Im Kelch schwebt mein Himmelsstern-Chakra. Das Chakra verlässt die Position im Kelch. Es wird über den Kelch hinausgehoben in das darüberliegende Feld.
- Mein Himmelsstern-Chakra und sein quarzförmiges Lichtzentrum erfahren eine Implosion des Lichts. Von innen heraus implodiert das Licht des Gottessterns.
- Die alte Form des Chakras löst sich dabei auf. Tausende von Energieteilen werden transformiert und abgeleitet, und von innen heraus beginnt ein neuer Stern zu leuchten.
- Er wächst sehr schnell aus sich heraus. Er vergrößert sich, und das Licht nimmt immer mehr Raum ein. Das neue Chakra entwickelt sich in Lichtgeschwindigkeit.
- Jetzt sendet der Gottesstern eine Lichtsphäre in mein neues Himmelsstern-Chakra. In der Sphäre liegt das neue Lichtzentrum, das sich zu integrieren beginnt. Der Gottesstern sendet gleichzeitig Lichtimpulse in mein neues Chakra.

- Der Wandel ist vollzogen, mein Himmelsstern-Chakra steht in einer neuen Ebene. Es hat eine neue Form, neue Energien und neues Licht. Der Kelch hat sich in seiner Energieform ebenfalls gewandelt und bekommt mehr Lichttransparenz.

Eine aktive Verbindungslinie zwischen dem Gottesstern und meinem Himmelsstern-Chakra ist aufgebaut. Ein sehr hohes Energiepotenzial hat sich mir geöffnet, und die Schwingung des Lichts fließt in Wellen durch meinen Energie-Lichtkörper-Kelch. Die Strahlen fließen von meinem Himmelsstern-Chakra durch den gesamten kosmischen Bereich, durch meine Mikro- und Makroebene. Mein Himmelsstern-Chakra ist in der kosmischen Chakrenebene integriert. Das Himmelsstern-Chakra ist transzendiert und hat sich dort manifestiert.

Dieser Prozess hat mir gezeigt, dass mein Chakrenfeld beginnt, sich in die Ebene der kosmischen Chakren zu integrieren. Das bringt eine völlige Anhebung meiner Energiezentren mit sich. Nicht nur, dass ich mit den kosmischen Chakren verbunden bin und von ihnen genährt werde, jetzt beginnen sich auch noch meine höheren Chakren zu erneuern, neu zu konzipieren und zu orientieren, um in die nächst höhere Ebene aufzusteigen. Gleichzeitig eröffnen sich mir auch die Energiezentren der Gottesebene. Die Absolution des göttlichen Lichts ist in mir.

Der Prozess wird sich fortsetzen, und ich bleibe in dem Energiepotenzial und in der Energieausrichtung, ich lasse den Wandel geschehen, indem ich mich nicht in das Feld nach außen begebe, sondern in meiner inneren Wahrnehmung verweile und mich dem Licht hingebe.

Licht sei mit mir, Licht sei in mir, Licht sei mein Lebenselixier.

Erleuchtung des Lebensbaums und der Seelenblume

Die kosmischen Chakren und ihre Energiefelder stehen mit mir in Verbindung, und ich nehme den Gottesstern wahr, der mich über mein kosmisches Himmelsstern-Chakra mit seinen Impulsen des Lichts und der Liebe versorgt. In meiner Wahrnehmung des Gottessterns bin ich der Kelch, und ich empfange:

- Ich empfange sehr intensive Impulse über den Gottesstern, und mein Kelch ist gefüllt mit dem heiligen Wasser des Vaters.
- Das Wasser zeigt eine ständige Veränderung seiner Farbe und Struktur. Vom kristallinen, glasklaren Wasser wird es zum blau-türkisen Wasser. Das wirkt belebend, Kreislauf stabilisierend, energetisierend. Es sprudelt und breitet sich weit über den Rand des Kelches aus.
- Es ändert wieder seine Farbe. Es wird rot-orange. Kräftige Farben bringen Kraft in den Kelch.
- Ein einwärts fließender Kreislauf entsteht im Wasser des Kelches. Eine neue Lebenskraft breitet sich aus. Der gesamte Kelch wird von der Farbe eingehüllt und erfüllt.
- Die Farbe ändert sich wieder. Sie wird gelb. Ein kräftiges Sonnengelb lässt das Wasser und den gesamten Kelch erstrahlen. Das Gelb gibt ihm Leuchtkraft und Wärme.
- Jetzt wechselt die Farbe auf Gold, und es fließen Liebe und das Licht des höchsten Potenzials ein. Der gesamte Kelch wandelt sich zum goldenen

Körper des Gottesmenschen, zum allumfassenden Lichtkörper der Liebe.

- Aus dem Zentrum des Kelches heraus beginnt ein weißer Lichtstrahl zu leuchten. Es ist das Licht des Gottessterns, das Licht der Schöpfung. Der vertikale Lichtstrahl erzeugt Vertikalität in der Ausrichtung. Das ermöglicht das Empfangen des Schöpferimpulses und des Gotteslichts.

Der Kelch der Offenbarung hat sich geöffnet. Klärung, Normierung, Empfängnis und Erleuchtung sind seine Eigenschaften und Aufgaben. Das ist ein weiterer Schritt hin zur Gottesebene. Mein Körper wird ihr angepasst und dabei Schritt für Schritt in die Gottesebene integriert. Gleichzeitig laufen in meinen Körperstrukturen Prozesse der Neuausrichtung und Umstrukturierung ab. Meine Chakren werden laufend umgestellt.

Ich kann diese Prozesse auch am Baum meines Lebens im Schöpfergarten erkennen.

- Ich nehme im Garten des Schöpfers meinen Lebensbaum wahr. Er ist hoch gewachsen und hat weit auslandende Äste mit herzförmigen Blättern. Ich kann das Gesamtbild des Baumes sehen.
- Die Baumkrone und alle ihre Blätter beginnen golden zu leuchten. Auch der Baumstamm, der eine sehr starke Struktur von nach oben gehenden Rillen hat, beginnt in der Farbe Gold zu leuchten.

- Im Baumstamm ist das Herzzentrum. Es zeigt sich in der roten Herzform, doch auch hier beginnt das Herz in seiner äußersten Schicht golden zu leuchten.
- Ich sehe die Wurzeln des Baumes, sie sind weit gefächert und gehen tief in den Boden hinein. Auch die Wurzeln haben sich gold gefärbt.
- Der Vater übergibt mir eine goldene Gießkanne, in der goldenes Wasser ist. Ich gieße meinen Lebensbaum mit der rechten Hand und überkreuze dabei die rechte über die linke Hand
- Beginnend bei den Wurzeln, gieße ich so lange, bis das Wasser bis in die tiefsten Tiefen eingedrungen ist. Dann gieße ich den Stamm und von oben nach unten.
- Dabei gieße ich auch das Herz des Baums und fülle es mit dem goldenen Wasser.
- Ich gieße den gesamten Baum und nähre ihn mit dem goldenen Wasser.
- Mein Baum strahlt durch das Gießen, und es weht ein Wind um die Baumkrone. Er bläst so kräftig, dass sich die Baumkrone zu einem Kelch formt. So kann der Baum das Licht des Gottessterns empfangen.
- Der Gottesstern zeigt sich über dem Baum. Er steht genau über dem Kelch. Sein Licht erleuchtet jedes einzelne Blatt, jeden Ast, jede Frucht, das Licht fließt zum Stamm und zu den Wurzeln. Es findet Erleuchtung auf höchster Gottesebene statt.
- Meine Seelenblume zeigt sich neben dem Baum. Sie sieht wie eine Glockenblume aus. Ihre Blüte zeigt

nach oben. Die Glocke hat die Form des Kelches und empfängt ebenfalls das Licht des Gottessterns.

- Meine Seelenblume läutet in den höchsten göttlichen Tönen. Die Glocke läutet nach oben, da sie zu dem Gottesstern ausgerichtet ist. Der Gottesstern sendet ihr Lichtstrahlen mitten in ihren Klangkörper. Die Glocke wird gewandelt, erleuchtet, umstrukturiert.
- Ein sanfter Wind umspielt die Glockenblume, und sie läutet. Der Wind trägt ihre Klänge durch Raum und Zeit, bis zur Baumkrone meines Lebensbaums. Bis zum Herzen des Baumstamms und bis zu den Wurzeln des Baums.
- Eine liebliche Melodie aus zarten, göttlichen Seelentönen erklingt. Der Baum wiegt sich in dieser Melodie, und die Blume wiegt sich im Wind.

Das ist ein wichtiger Prozess in der Läuterung meines Wesens. Das Gießen des *Lebensbaums* und der *Seelenblume* ist wie das tägliche Waschen des Körpers. Das Reinigungsritual klärt, normiert und richtet meinen gesamten Energiekörper, meinen Lichtkörper, meinen Seelenkörper und meinen physischen Körper aus. Es geschieht Erleuchtung, Erfüllung und Erneuerung.

Kosmisches Lichtpyramiden-Chakra

Ich nehme in mir eine wellenartige Energieversorgung wahr. Ich öffne meinen Geist und mein Herz, um die Worte des Vaters und seinen Willen zu vernehmen. Ich spüre die Öffnung und die Weitung in mir. Der Raum des Vaters offenbart sich mir. Ich kann ihn betreten, und ich begegne dem Vater. Seine Liebe empfängt mich. Ich bin unendlich dankbar dafür und gehe in die Begegnung mit ihm.

Ich vernehme die Worte des Vaters an mich:

Die Zeit, die du gerade durchwanderst, ist eine sehr spezielle. Sie fordert dich heraus, prüft dich und stellt dich vor Entscheidungen. Gleichzeitig gilt es, sehr viele Änderungen durchzuführen, denn das alte System ist im Umbruch. Dein Körper rebelliert, weil für ihn die Weiterführung alter Programme nicht mehr möglich ist. Du benötigst gezielte Ausrichtung ins Neue und Offenheit für das Unbekannte, um den Durchgang vom Alten ins Neue durchzuführen. Unterstütze dich und deinen Körper durch die Einkehr zur Stille und durch den Rückzug aus alten Gewohnheitsprogrammen und ihren Örtlichkeiten. Lass die Dinge so geschehen, wie sie sich zeigen. Versuche, nichts festzuhalten oder künstlich zu erschaffen. Alle Geschehnisse entsprechen meiner Vorsehung und meinem Willen. Dein System ist im freien Energiesystem integriert. Alle freien Energien, die dein Körper benötigt, fließen in dein Körpersystem ein. Du brauchst nur Liebe und Vertrauen in dir, um das Rad der alten Lebens- und Versorgungssysteme zum Stillstand zu bringen

Bleib im Vertrauen, dass du auf dem richtigen Weg bist, denn ich, dein Vater, stehe hinter dir und führe dich durch die Phase deines Lebens. Es gibt nichts Erfüllenderes, als von meiner Liebe getragen und von meinem Licht geführt zu werden. Fokussiere dich darauf und lass dein Herz sprechen. Lass deinen Verstand und sein Egomuster im Hintergrund, sodass du im Gewahrsein der Göttlichkeit bist.

Ende der Botschaft

Nach diesen begleitenden Worten des Vaters geht es weiter auf meiner Reise innerhalb der kosmischen Chakren. Ich erkenne klar und deutlich den Weg innerhalb der kosmischen göttlichen Chakrenebene, der mich weiterführt:

Ich befinde mich in der Ebene der göttlichen Chakren, dabei gehe ich durch die Ebene der kosmischen Chakren hindurch, um noch tiefer in den Schöpferraum hineinzukommen. Ich kann die Energien des Feldes wahrnehmen, und es gibt ein Energiezentrum, das sich jetzt gezielt in mein Wahrnehmungsfeld stellt. Das Lichtpyramiden-Chakra will sich mit mir verbinden. Ich öffne mich ihm, um seine Erfüllung zu erfahren. Ich betrete das Energiefeld in das Lichtpyramiden-Chakra, und es offenbart sich mir das Tor, das mich in eine der höchsten Lichtschwingungsebenen bringt. In der Dynamik dieser Entwicklung erfahre ich die Absolution von Freiheit und Leichtigkeit.

- Es ist ein weißer, senkrechter Strahl, der mich zu sich zieht. Das Chakra selbst ist eine vertikale Lichtlinie. Es ist ein vertikaler Lichtraum. Dieser ist weiß, und im Weiß sehe ich seine silbernen Energiebahnen und Linien, die ebenfalls vertikal dem Chakra entlangfließen. (Auf dem Bild auf Seite 100 zeigt sich das sehr gut).
- Am oberen und unteren Ende gibt es jeweils einen türkisblauen Lichtbogen. Dieser spannt sich so lange, bis der obere und der untere Bogen sich treffen und dabei einen Kreis bilden würden, doch das Licht fließt nicht ineinander. Es fließt aneinander vorbei, und es bilden sich zwei unabhängige Lichtspiralen um den vertikalen Lichtraum herum.

Das ist ein sehr komplexes Bild, das nicht dreidimensional zu sehen ist, sondern übergreifend vieldimensional. Es ist auf der Gottesebene und auch auf der kosmischen Chakrenebene miteingebunden und nicht an eine spezielle Formenebene gebunden.

Integration des Lichtpyramiden-Chakras

Ich nehme das Chakra der Lichtpyramide wahr und spüre seine unendliche und ewigliche Schwingung und seine Vertikalität.

- Von meinem Herzen ausgehend, beginnt das kosmische Licht, sich einen vertikalen Lichtkanal aufzubauen.
- Der Lichtkanal zieht sich hoch durch meinen Thymus, durch meinen Kehlkopf, durch mein Drittes Auge, durch mein Kronenchakra bis zu meinem Himmelsstern-Chakra hinauf.
- Hier hat sich der Lichtkanal fixiert, und es bildet sich in mir das kosmische Pyramidenlicht. Es dehnt sich aus und bildet eine stabile Struktur vom Herzen aufwärts bis zum Himmelsstern.
- Jetzt beginnen sich zwei türkisfarbene Schwingungskreise zu bilden.
- Die aufwärts-einwärtsdrehende, unendliche Lichtschwingung beginnt bei meinem Herzzentrum zu fließen. Sie schließt die unteren Körperbereiche dabei mit ein, da dieser Lichtkreis sich immer mehr ausdehnt und immer mehr Raum einnimmt. Die Schwingung geht bis zu meinen Füßen und noch tiefer bis zum Erdenstern-Chakra.
- Die obere Lichtkreisschwingung beginnt sich beim Himmelsstern-Chakra aufzubauen. Es ist eine abwärts-auswärtsfließende, ewigliche Lichtschwingung, und die Kreise bilden sich bis in die Ewigkeit des Schöpferraums, des Universums, des Himmelreichs, der Gottesebene.
- Es öffnet sich der Raum nach oben und bereitet meine höheren Körperebenen darauf vor, das göttliche Licht der höheren Lichtebenen zu empfangen.

Das Licht nimmt seinen Raum ein, es ist eine absolute Erfüllung in mir. Eine Erweiterung all meiner Systeme findet statt. Alles in mir öffnet sich dem kosmischen Pyramidenlicht und empfängt die Absolution des Lichts. Ich empfange reinstes weißes Licht in seiner göttlichen Klarheit und Reinheit.

Ich empfange und nehme das Licht in mir auf. Es ist ein weiterer Schritt in dem Eröffnungsprozess meines Gesamtkörpers. Mein Lichtkörper erfährt vom kosmischen Lichtpyramiden-Chakra eine neue Vertikalität. Mein Geist hat eine ewigliche Erweiterung seiner Möglichkeiten erfahren. Ich empfange und gebe mein neues Energie- und Geistpotenzial in das Umfeld meines Wirkens ab. In mir hat sich die neue kosmische Lichtquelle manifestiert. Dadurch ist mir eine erweiterte und umfassendere Wirkkraft in der Allumfassenheit des Seins möglich.

Kosmischer Sternenspiegel

Ich nehme das Feld der kosmischen Chakren wahr und erweitere meine Wahrnehmung, bis sich mir eine Lichtener gie zu zeigen beginnt. Das ist der kosmische Lichtspiegel. Der Spiegel ist kein Chakra, wie es die bisherigen waren, sondern ein Spiegel, der die Eigenschaft besitzt, das Licht in einer sehr hohen Schwingung zu reflektieren, zu übertragen und zu integrieren.

- Dazu vertiefe ich mich in das kosmische Chakrenfeld und in seine Vielfältigkeit und Unendlichkeit. Es ist ein Energiefeld, das enorm starke Energien enthält und Vollkommenheit in seiner Vielfältigkeit besitzt.
- Ich kann den Spiegel zwischen all den Energiefeldern und Chakrenzentren aufleuchten sehen. Er zeigt sich mir durch Lichtimpulse, weil er das Licht zu mir reflektiert, und er tritt über mein Energiesystem direkt in Kontakt mit mir.
- Ich stelle mich unmittelbar vor den Spiegel, und er sendet ein unbeschreibliches Licht-Energiespektrum zu mir. Dabei empfange ich das Licht in seiner reinsten und klarsten Form.
- Ganz deutlich spüre ich das Licht in meinem Oberkörper, in meinem Herzzentrum, in meinem Thymus und in meinem Hals. Das Licht breitet sich immer weiter in mir aus. Der Spiegel vor mir hat die Wirkung eines Lichtportals, über das ich in die Tiefen der Absolution des Lichts gelange. Ich kann durch das Lichtportal treten.

Unendliches kosmisches Licht überträgt sich in meine grobstofflichen und feinstofflichen Körperebenen, und ich kann seine Energien bis in meine physischen Körperebenen wahrnehmen. Mein gesamter Organismus wird mit Licht erfüllt, sodass alle Systeme auf sanfte, aber sehr gezielte Weise dem Licht zugeführt werden.

- Ich atme das Licht tief in meinen Thymus. Ich schlucke das Licht über meinen Kehlkopf bis in die Tiefen meines Bauchraums. Ich verinnerliche das Licht über meine physischen Augen. Ich höre es über meine Ohren, ich rieche es über meine Nase.

Auf diese Weise integriere ich das neue Licht in seiner neuen Form auch auf der grobstofflichen Körperebene.

Meine Beine zeigen mir symbolisch, dass sie davonlaufen wollen, sie kribbeln und sind zappelig. Das zeigt mir, dass mein Körper noch nicht frei ist. In mir gibt es noch Bereiche, die nicht bereit sind, das Licht in sich aufzunehmen. Im Magen-Darm-Trakt bin ich mit Altenergien belastet, und genau dort ist es sehr schwierig, das Licht hineinzubringen.

- Ich atme das Licht ganz tief in meinen Oberbauch. Ich schlucke das Licht ganz bewusst, um es in meinen Verdauungstrakt zu bringen.

Der Prozess benötigt Zeit der Integration, doch mit der aktiven Lichtanreicherung spüre ich die Lichtumstellung in meinem Unterbauch.

In der dafür benötigten Zeit ist meine Ausrichtung zum Licht das Wichtigste. Ich nutze die Kraft des kosmischen Lichtspiegels und bringe durch ihn immer mehr Licht in meinen Körper und in mein Körpersystem.

Ich fokussiere mich auf meinen Geistkörper, auf mein geistiges Potenzial, und lasse den Geist über die Materie bestimmen und nicht umgekehrt. Mein Körper wird lernen, das Licht und seine Energien in sich zu integrieren, denn er ist offen für das Neue. Mein Körper erkennt bereits das neue Energiepotenzial, das er dadurch erhält.

Kosmisches Chakra der allumfassenden göttlichen Liebe

Ich empfange das Licht aus dem Herzen des Schöpfers. Dieses Licht ist der Träger der Liebe von Gottvater, der Träger seines Willens, seiner Vorsehung, seiner Visionen. Ich empfange vom Vater alle meine Entwicklungsschritte, meine Vorgehensweisen, meine Aufstiegsimpulse. Unaufhörlich fließen diese Informationen in mich ein. Das Licht ist unendlich und ewiglich, und genauso empfange ich es.

Die Neue Welt ist geboren, und Mutter Erde ist ab jetzt ebenfalls erwacht. Sie geht in die nächste Phase ihrer Entwicklung, das ist ihre Erneuerungsphase. Mutter Erde möchte der Liebe und dem Licht ein neues Zuhause geben. Ein gereinigtes, geklärtes, wahrhaftiges und vollkommenes Zuhause. Genau jene Impulse erfährt auch der Mensch auf Erden. Die Bedürfnisse der Reinigung werden sehr stark auftreten. Mag es sich anfangs im Außen zeigen, gilt dennoch das Gesetz: Wie innen, so außen. Genau das wird sich vollziehen. Denn wer im Außen für Reinheit sorgt, der wird auch gleichzeitig in sich Impulse verspüren, im Inneren für Reinheit und Klarheit zu sorgen. Die Herzimpulse treiben den Menschen zu ihren Schritten, die voller Liebe und Hingabe sind. Der Mensch wird lernen, wieder die Liebe in sich zu spüren, sie zu verkörpern und die Liebe als die Basis aller Handlungen zu sehen.

- Ich verbinde mich mit dem kosmischen Energiefeld und lasse alle Impulse der kosmischen Chakren in mir Raum einnehmen. Ich öffne mein Wahrnehmungsfeld und erkenne vor mir das Chakra der allumfassenden, allgegenwärtigen, göttlichen Liebe.

- Das Chakra öffnet sich mir. Es erscheint direkt im kollektiven Feld des irdischen Raums. Das Chakra strahlt über das göttliche Herzgitternetz, das die Erde umgibt, all seine Liebe unmittelbar in das Kollektivfeld des Irdischen ein. Am Himmel erscheint ein neuer Stern. Er leuchtet hell auf und sendet das Licht der Liebe direkt auf die Erde und in die Herzen der Menschen. Dabei findet die Vereinigung zwischen dem irdischem Kollektiv und dem kosmischen Chakra der Liebe statt. Die kosmische Liebe wird somit auch für das gesamte irdische Feld zugänglich.

Auch Mutter Erde hat sich mit den kosmischen Chakren verbunden. Auch in ihr fließen die neuen Energien. Immer mehr Menschen erfahren die neuen Energieträger und integrieren sie in ihr Energiesystem. Auf diese Weise bildet sich ein völlig neues Energiesystem im Irdischen zwischen den Menschen, Mutter Erde, dem Universum, dem kosmischen Raum und dem himmlischen göttlichen Reich. Alle Schleier werden sich auflösen, denn sie werden nicht weiter existieren können. Vernebelungen sind nicht mehr möglich, da das Licht, die Energien und die Liebe aus dem neuen Energiesystem so stark sind, dass nur noch Klarheit und Reinheit möglich sind.

Ich spüre das sowohl auf der Mikro- als auch auf der Makroebene. Es zeigt sich im Kleinen, es zeigt sich im Großen, es zeigt sich im Innen, und es zeigt sich im Außen. Die Getrenntheit beginnt sich zu lösen und zu klären. Klarheit und Reinheit entstehen in mir und um mich herum.

Die Erkenntnisse der Neuen Zeit und der Neuen Welt nehmen immer mehr Raum ein. Die Einheit ist das Ziel. Der Weg führt genau zu dieser Erkenntnis, dass nur die Einheit existiert. Alles andere ist Illusion und löst sich im Licht und in der Liebe Schritt für Schritt völlig auf. Illusorische Nachrichten verlaufen im Sand, denn keiner wird sie beachten wollen, keiner wird ihnen Glauben schenken, nur noch die göttlich Liebe findet Aufmerksamkeit.

Lichtfenster der Zentralsonne

Der Weg ist ein unaufhörlicher, stetiger, dem Licht zuführender, und es gibt keine Stagnation auf diesem Weg. Wer sich für ihn entschieden hat, ist in ständiger Erneuerung und Veränderung.

Ich möchte heute die nächste Stufe erreichen, und dazu gehe ich in das Zentrum meiner Bewusstseinsplattform[7] und nehme mich darauf wahr. Ich erkenne den Weg, der vor mir liegt, und folge ihm über die für mich vorgesehenen Stufen meines Aufstiegs.

- Ich stehe auf meiner Bewusstseinsplattform. Sie fühlt sich an wie ein Surfbrett im unendlichen Meer des Schöpferraums. Ich stehe sicher auf dem Surfbrett, und es zeigt sich vor mir der Weg, der mich zum Licht führt. Mein Surfbrett hat eine schäumende Spur hinter sich gelassen, so turbulent war meine bisherige Fahrt. Es zieht mich ein sehr kräftiger Windsog nach vorne. Darin liegt die Kraft des göttlichen Lichts, die mich vorwärtszieht und mir die Kraft gibt, weiterhin meinen Kurs beizubehalten. Es scheint, als würde mein Surfbrett abheben und zu fliegen beginnen.

---

7 Die Lebens- beziehungsweise Bewusstseinsplattform gilt als die Energieebene, auf der wir uns geistig-energetisch entwickeln. Diese Plattform wird oft von Fremdenergien beeinflusst und so geschädigt, dass sie sich aufzulösen droht. Durch Entwicklungssprünge kann sich eine neue Lebensplattform bilden, die sich dann im neuen Raum zu zeigen beginnt.

- Es ist die Hand des Vaters, die mich trägt und mein Surfbrett führt. Mein Weg wird immer klarer, und all die Gewitterwolken liegen weit hinter mir. Mein Surfbrett nähert sich einem Ufer, wo ich absteige, um an Land weiterzugehen.
- Ich bin in einem Hafen, und ein Weg führt durch die engen Gassen des Ortes, bis ich zu einer Kirche komme. Ich schaue hinauf und sehe den Kirchturm, der an seiner Kirchturmspitze vom Licht berührt wird. Ich gehe in die Kirche, und eine Treppe führt hinauf zur Kirchturmspitze. Ich gehe hinauf bis zum höchsten Punkt des Kirchturms, und dort sehe ich, dass die Turmspitze wie ein Tor geöffnet ist. Ich verstehe, dass ich über das Lichttor in die darüber liegende Lichtebene geführt werde.
- Ich gehe durch das Lichttor hindurch und bin dadurch in der nächsten Lichtebene angekommen. Es ist das Licht selbst, das mich trägt und weiterführt.
- Vor mir offenbart sich ein riesiges, leuchtendes Sternenfenster. Es hat neun leuchtende, abgerundete Ecken. Das Fenster leuchtet sehr hell, und an jeder Ecke schimmert ein Farbelement. Die Grundfarbe des Fensters ist Gold und trägt in sich alle Nuancen der Schöpferfarben. Im Zentrum des Sternenfensters zeigt sich eine große goldene Sonne, deren Licht mein Herzzentrum berührt.
- Das Licht der goldenen Sonne überträgt sich in meinen Brustbereich. Mein Herzzentrum, mein Thymus und mein Solarplexus werden vom Licht des Ster-

nenfensters berührt und erhalten von ihm Lichtimpulse. Tausende Lichtimpulse durchfließen mich und übertragen mir die Energien des Sternenfensters.

- In meinem Innersten zeigt sich das Bild des neuneckigen Sternenfensters. Es manifestiert sich und integriert sich in meinen Energiekörper.
- Meine Anpassung an die Lichtebene des Sternenfensters vollzieht sich durch die gerade stattfindende Lichterfüllung.
- Das neuneckige Sternenfenster mit seiner Zentralsonne im Innersten beginnt sich gegengleich zu drehen. So entsteht eine sehr starke Lichtdynamik, und der Sog wirbelt mich aus meiner bisherigen Verankerung der darunterliegenden Ebenen heraus. Dadurch erhalte ich jene Leichtigkeit und Freiheit, die mich schweben und aufsteigen lässt.

Das himmlische Sternenfenster hat mich empfangen und sich in mir integriert. Somit steht mir das Tor in die himmlische Ebene jederzeit zur Verfügung. Das Sternentor ist ein Übergangsportal in die himmlische Ebene. Es ist mir dabei behilflich, in die höheren kosmischen und himmlischen Lichtebenen einzutreten. Dafür ist es notwendig, die Verankerungen der vorigen Ebenen zu lösen. Ich verstehe: Ich muss mich erheben, um aufsteigen zu können. Diese Leichtigkeit habe ich gerade während des Übergangsprozesses erfahren. Ich habe mich losgelöst und bin aufgestiegen. Ich kann die Energien des Sternenfensters in meinem Alltag benutzen, um die Verankerungen von mir zu lösen. Immer wieder wird sich das Sternenfenster in mir zeigen, um mich aus der alten Ebene herauszuführen und die Energien der alten Form zu lockern. So erhöht sich meine Lichttransparenz.

Kosmisch-himmlisches Bewusstseins-Chakra

Es sind das Licht des Vaters und seine Energien, die mich führen und mich in die Tiefen des kosmisch-himmlischen Lichts führen.

- Goldene Lichtkugeln empfangen mich. Sie hüllen mich mit ihren Energien ein, um mir meinen Lichtweg aufzuzeigen. Sie führen mich durch einen Lichtnebel hindurch. Ich spüre besonders im Kopfbereich den Austausch von Energien und Impulsen, da es hier zu einer enormen Schwingungserhöhung kommt.
- Ich empfange über den Wahrnehmungsspiegel meines Dritten Auges neue Lichtimpulse, die eine besonders hohe Frequenz erzeugen und sich auf meinen gesamten Kopfbereich übertragen.
- In meinem physischen Körperbereich spüre ich die Umstrukturierung meines Kopfes. Synapsen werden gelegt und verbunden. Lichtstrahlen und Lichtblitze erweitern mein gesamtheitliches Kopf-Energiesystem.
- Ich bin am Ende des Lichtnebels angekommen und verlasse ihn.
- Ein riesiges leuchtendes, sich drehendes Lichtzentrum offenbart sich mir. Das kosmisch-himmlische Bewusstseins-Chakra wird sichtbar. Im Chakra zeigen sich bunte Schwingungsbögen in allen Farben des Schöpferspektrums.
- Das Innerste des Chakras wird sichtbar. Es besteht aus vier Lichtspiralen, die sich kreuzförmig gegen-

überstehen. So bildet sich ein Lichtspiralen-Kreuz, das auf Seite 119 abgebildet ist.

- Alle vier Spiralen sind mit dem vertikalen Lichtkanal des Vaters verbunden.
- Die Energien des Chakras integrieren sich sofort in den Bereichen meines Dritten Auges, in der Hirnanhangdrüse und in den daran grenzenden Hirnbereichen. Die gesamte Energiekonstruktion des Chakren-Lichtzentrums hat sich in meiner Kopfebene integriert.

Das war meine Integration des kosmisch-himmlischen Bewusstseins-Chakras. Der vertikale Lichtkanal innerhalb des Chakras wird vom Heiligen Geist mit all seinen Energien und seinem Licht versorgt. Das Chakra selbst überträgt mir ein vertieftes kosmisches Wissen und die Weisheit des himmlischen Schöpfers. So fließt die Stärke des kosmischen Bewusstseins ein, die mir die himmlische Präsenz der Vorsehung und daher den Willen des Vaters überträgt. Alle Handlungen, Worte und Wirkweisen, die ich aus dieser Ebene empfange, sind Offenbarungen göttlicher Führung und Eingebung.

Ich nehme die Kraft der göttlichen Vorsehung in mir wahr, die mich ab jetzt meinen Weg voranschreiten lässt. Die drei göttlichen Attribute von Liebe, Weisheit und Stärke sind in meinem Weg integriert.

Meine geistige Ausrichtung und Kapazität erneuern sich durch die Neustrukturierung meines Bewusstseinszentrums, durch die neue Sichtweise meines Dritten Auges und durch die neuen Lichtzentren in meinem gesamten Energiekörper ständig aufs Neue. Durch die Integration des kosmisch-himmlischen Bewusstseinszentrums beginnen meine geistigen Kräfte, Überhand zu gewinnen. Das bedeutet, dass der Anteil meiner Verstandes-Denkweise soweit verringert wurde, dass der Verstand sich dem Geist unterordnen muss.

Zur Aktivierung und Fixierung des kosmischen Bewusstseins gehe ich mit meiner Wahrnehmung in meine Lebenssphäre, integriere das Chakra in meinem Bewusstseinszentrum und stelle dabei die Steuerung auf Aktiv.

Folgender Prozess ist dafür vorgesehen:

- Ich nehme mich in meiner Lebenssphäre als leuchtenden Lichtkörper wahr. Alle meine Energieebenen, mein Geistkörper, mein Seelenkörper und mein physischer Körper zeigen sich in der Lebenssphäre.
- Ich nehme mein Bewusstseinsfeld in meinem physischen Kopf wahr.
- Ich erkenne in meinem feinstofflichen sowie in meinem grobstofflichen Körper das kosmisch-himmlische Bewusstseins-Chakra. Es steht im Vordergrund und wirkt überdimensional auf alle meine Körperbereiche.
- Ich sehe ein rotes Licht aufleuchten, das mir aufzeigt, dass das Chakra aktiv ist und in völliger Übereinstimmung mit meinem Bewusstsein steht. Ich fixiere das rote Licht in meiner Lebenssphäre und

fixiere damit die geistige Steuerung als meine gesamtheitliche Bewusstseinssteuerung. Jetzt!

Es ist vollzogen. Das Chakra ist in mir aktiviert und wird mich in meiner neuen Lebensphase unterstützen. Das Chakra wird mich führen und mir die göttliche Weisheit, Stärke und Liebe übermitteln. Der Schöpfer ist mein Steuermann. Er überträgt mir durch meine Hingabe seine Vorsehung und seinen Willen. Jetzt.

Ich integriere das neue kosmisch-himmlische Wissen in mir und nehme die neuen Bewusstseinsimpulse als meine neuen Wegweiser an.

Ich bin gesegnet vom Vater und erfüllt mit seiner Liebe.

Kosmisch-himmlisches Chakra des Heiligen Geistes

Ich bin in meiner Herzenswahrnehmung. Ich bin im Licht und in der Liebe des Vaters. Ich nehme den Lichtstrom wahr, der über mein Kronenchakra in mich einfließt und durch meinen gesamten Energiekörper reicht.

Ich bin in der Wahrnehmung des kosmisch-himmlischen Chakrenfelds. Es offenbart sich dort das Chakra des kosmisch-himmlischen Geistes. Es ist das Lichtzentrum des Heiligen Geistes auf der kosmisch-himmlischen Ebene. Die Lichtstrahlen, die mich zu ihm führen, zeigen mir den Weg und öffnen mein Energiesystem, um empfangen zu können.

- Drei Lichtstrahlen zeigen sich mir: Blau, Silber und Weiß. In der Mitte zeigt sich der blaue Strahl. Er ist am stärksten ausgeprägt. Links davon ist der silberne und rechts der weiße Strahl.
- Ich folge mit meiner Aufmerksamkeit den Lichtstrahlen, die mich führen. Vor mir zeigt sich das unendlich weite Chakra des kosmisch-himmlischen Geistes. Ich spüre die Unendlichkeit des Chakras und das Lichtzentrum des Heiligen Geistes. Die Energien zeigen sich als ein plasmaoides Feld. Das Lichtzentrum ist nicht starr, nicht fixiert, sondern frei fließend. Das Licht des Heiligen Geistes ist allgegenwärtig und allumfassend. Es ist die Unendlichkeit und gleichzeitig die Ewigkeit.
- Ich spüre in meinem gesamten Chakrenraum eine sehr starke Resonanz mit dem Kosmischen Chakra. Mein gesamter Chakrenraum leuchtet auf.

Das Licht des kosmischen Chakras ist nicht auf ein bestimmtes Chakra in mir bezogen, sondern es ist allgegenwärtig und allumfassend, und daher wirkt es in jedem meiner Chakren.

- In mir kommen alle Energien zum Fließen. Blockaden, Starrheiten und Einschränkungen lösen sich sofort im Licht des kosmischen Chakras auf. Die Unendlichkeit und die Ewigkeit formen meinen Energiekörper, meinen Geistkörper, meinen Seelenkörper und meinen physischen Körper. Auf allen Ebenen kann ich das plasmoide Licht wahrnehmen und die Kraft der Energien, die sich in mir ausbreitet.
- Mein bisher beschränkter, mit der Endlichkeit begrenzter Körper beginnt sich zu weiten, und das Chakra des kosmisch-himmlischen Geistes nimmt in mir Raum ein.
- Mein Geistkörper erleuchtet im Chakrenlicht. Meine Auraschicht glänzt und leuchtet und ist vom plasmoiden Licht eingehüllt. Das Licht fließt noch tiefer in mein Inneres hinein.
- Schicht für Schicht meines Körpers füllt sich mit den Energien. Ich kann bemerken, dass sich auf grobstofflicher Ebene mein Kopf zu erheben beginnt, dass er leicht und frei wird, in ihm Licht aktiviert wird und Energien freigesetzt werden, die Raum erschaffen. Raum für den Heiligen Geist. Mein Kopf wächst über seine bisherige Energiereichweite hinaus.

- Bis zum Kehlkopf und noch tiefer erfolgt einerseits eine Umstrukturierung, und ein Raum des Lichts wird erschaffen, der bisher nicht vorhanden war. Andererseits werden Räume ausgeräumt. Sie werden gesäubert und in die Norm der Schöpfung gebracht. Dabei nehme ich in meinem Halsbereich wahr, dass mein Bläh-Hals zurückentwickelt wird. Der Fremdraum, der sich in Form einer Aufblähung zeigt, wird im Kehlkopf aufgelöst. Stattdessen zeigt sich ein neuer lichterfüllter Raum, der nicht nach außen ausgebeult ist wie der Bläh-Hals, sondern es hat sich ein Lichtring um meinen Kehlkopf gebildet.
- Am Dritten Auge sehe ich eine ähnliche Veränderung. Es gibt auch hier einen Raum, der mit blinden und deformierenden Spiegeln verkleidet war und jetzt mit einem einzigen auflösenden Lichtimpuls eliminiert wird.
- Der daran angrenzende und verbundene Raum meines Gehirns, der durch die deformierten Spiegel leider auch Falschbilder und Fehlinterpretationen zur Weiterverarbeitung erhalten hat, wird mit dem Lichtimpuls des Geistchakras mitaufgelöst.
- Es zeigt sich im selben Moment der neue lichtvolle Raum mit einem klaren Kristallspiegel, der sich im Dritten Auge implantiert. Es ist ein Spiegel, der strahlendes, kristallines Licht erzeugt. Es werden kristalline Bilder offenbart und kristallklares Wissen an das Gehirn weitergegeben.

- Ein kristallines Lichtgitternetz spannt sich in meinem Gehirn, und sein Zentrum ist mein Drittes Auge mit dem darin liegenden kristallinen Lichtspiegel. Dadurch erfolgt eine interessante Wandlung meiner Wahrnehmung.
- Der Heilige Geist in seiner unendlichen und ewiglichen Lichterscheinung offenbart sich mir. Seine plasmoiden Lichtenergien fließen durch meinen gesamten Kopfbereich. Das Licht senkt sich zu meinem Brustbereich, zu meinem Thymus, meinem Herzzentrum, meinem Solarplexus. Auch hier geschieht Auflösung und Neubildung.

Das sind sehr rasche Abläufe. In allen meinen Chakren integriert sich das neue Licht. Das kosmisch-himmlische Geistchakra hat sich in mir manifestiert und Raum eingenommen.

Diese Neustrukturierung ist für meine geistige Entwicklung sehr wichtig und wurde initiiert. Dabei entstehen mehr geistige Kapazität und Potenzial auf Geistebene, denn es steht primär der Geist im Mittelpunkt, und dieser Primärsatz hat sich in meinem Gesamtkörper etabliert. Alte Wahrnehmungen, Ausdrucksformen und Lebensmuster wandeln und transformieren sich. Neue Räume entstehen, in denen mein neues Potenzial mit seinen neuen Kapazitäten eines entwickelten Geistes wächst.

Immer wieder erfahre ich Erneuerung und Erweiterung, weil mein System in der Erneuerungs- und Aufstiegsphase dies so benötigt. Schritt für Schritt wollen die neuen

Einheitsformationen integriert werden. Der Vater übermittelt mir dieses Wissen, weil mir dadurch mein Weg in die neue Einheits-Geistformation aufgezeigt wird. Neue Kapazität ermöglicht neues Potenzial, das ich auf meinem Weg der Befreiung und Neuorientierung benötige.

Der Heilige Geist ist der Transmitter des heiligen Wissens und seiner Energien. Das Chakra des Heiligen Geistes ist also der Energieträger, der Übermittler und der Raumerschaffer des neuen Wissens im Raum der Neuen Erde in ihrer neuen Zeitepoche.

Dieses Chakra übermittelt mir die Einstiegsenergien der Unendlichkeit und der Ewigkeit. Durch das Fokussieren auf meine geistige Innenwahrnehmung komme ich erstmals mit der Unendlichkeit und der Ewigkeit des Heiligen Geistes in Berührung und gleichzeitig in sein Wahrnehmungspotenzial. Alle meine Energiesysteme erfahren diese Erweiterung. Somit erfahren mein physischer Geist, mein energetischer Geist und mein Seelengeist jene Erweiterungsmodule, die sie für die Integration des kosmisch-himmlischen Geistchakras benötigen.

Das ist geschehen, und jetzt kann sich das Energiepotenzial in mir ausdehnen. Das Chakra kann meine energetischen Kapazitäten in eine neue Form des Lichts führen. Mein System ist jetzt offen, freigelegt und bereit, das Neue zu integrieren und aus seinem Potenzial heraus zu wirken und zu vermitteln.

Mein Leben erhält somit eine neue Ausrichtung, einen neuen Schwung, einen neuen Aufstiegssprung in eine neue geistige Ebene. Ich verweile in diesen Energien und bleibe in meiner neuen geistigen Wahrnehmung, sodass sich die Prozesse in mir vertiefen können.

Kosmisch-himmlisches Auge

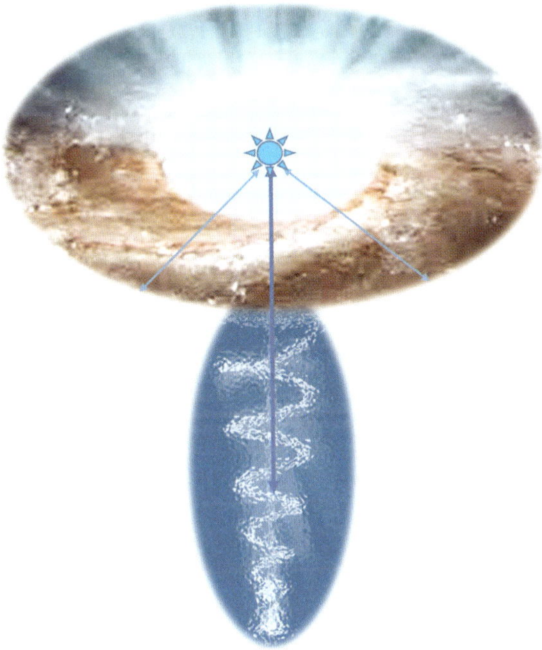

Ich nehme das Licht des Vaters vor und in mir wahr. Mein geöffnetes und geweitetes Herzzentrum empfängt das Licht. Ich bin im kosmisch-himmlischen Chakrenfeld, in seiner Unendlichkeit und Ewigkeit. Ich bin mit dem Chakra des Heiligen Geistes verbunden. Starke und sehr intensive Energien fließen über mein Drittes Auge ein. Das Chakra des Heiligen Geistes macht mein Drittes Auge empfänglich dafür, und vor mir zeigt sich ein Lichtfeld. Es ist ein nach innen gerichteter Tunnel, der immer lichter wird, je tiefer man in diesen Tunnel kommt. Das Feld ähnelt einem galaktischen Wurmloch, doch es ist ein lichtes, energetisch hochschwingendes Feld. Über meine innere Wahrnehmungskraft werde ich immer tiefer in das Licht und in die Schwingung dieses Tunnels hineingezogen. Darin fließen die Energien und das Licht im Uhrzeigersinn nach innen.

Am Ende des Tunnels zeigt sich das Innere des Lichtfelds. Unmittelbar vor mir wird eine Erscheinung sichtbar, die aussieht wie ein Auge. Es ist überdimensional groß und glasklar. Das Licht kommt aus dem Inneren des Auges und wird über einen kristallinen Spiegel nach außen reflektiert.

- Ich schaue direkt in dieses Auge und erfahre darin eine unendliche Tiefe.
- Der Vater erscheint. Er zeigt mir das Leuchten meines Dritten Auges und gibt mir zu verstehen, dass sich das Licht des kosmisch-himmlischen Auges bereits in meinem Dritten Auge reflektiert. Der Vater erklärt mir, dass mein eigener Spiegel das Licht in mein Inneres lenkt, sodass meine Sichtwei-

se und Wahrnehmung nach innen gelenkt werden.

- Ich verstehe: Es ist die Einkehr der Sichtweise – die Umkehr der Wahrnehmung von innen nach außen.
- Es zeigt sich ein azurblauer Lichtstrahl, der aus dem kosmisch-himmlischen Auge heraus zu strahlen beginnt. Der Strahl trifft genau auf mein Drittes Auge.
- Ich spüre, dass sich in meinem Kopf ein Meer dieses blauen Lichts ausbreitet. Es ist ein sehr weiches Licht. In meinem Kopf nehme ich eine angenehme Erfüllung mit dem Licht wahr.
- Der Strahl durchdringt meine Stirn und meinen Oberkopf und tritt an der Rückseite meines Kopfes wieder heraus. So bildet sich eine Verbindungsschleife zwischen dem kosmisch-himmlischen Auge und meinem Dritten Auge.
- Auch mein Mund- und Kehlkopfbereich werden vom azurblauen Licht berührt. Es erfolgt eine Umstrukturierung in meiner Ausdrucksweise, meiner Persönlichkeitsstruktur und meiner Wirkweise.
- Auch in meine Handchakren fließt das Licht. Also wird auch meine Handlungsweise genormt und meiner neuen Sichtweise angepasst.

Das kosmisch-himmlische Auge ist das Chakra der höheren Wahrnehmung und der kosmischen als auch der himmlischen Sichtweise. Es benötigt die völlige Hingabe und Öffnung in das kosmisch-himmlische Reich, denn ohne die Hingabe und Öffnung ist es nicht möglich, das Licht der höheren Wahrnehmung und der himmlischen Sichtweise zu empfangen. Zu ausgeprägt ist die irdische Sichtweise und zu vernebelt und eingeschränkt ihre Wahrnehmung. Nur durch die absolute Öffnung des Dritten Auges ist die Wahrnehmungsübertragung des kosmisch-himmlischen Auges möglich. Alles andere sind nur manipulierte, visualisierte und getrübte Bilder, die niemals dem Höheren und Wahren entsprechen. Deshalb offenbarte sich das Auge des Himmels, weil durch das Verinnerlichen der kosmischen Chakren die Möglichkeit entsteht, in das neue und befreite Sehen involviert zu werden. Sicherlich sind schon viele Fähigkeiten in diese Richtung entwickelt, doch sind die Bilder oft noch von den Außenwahrnehmungen getrübt und unscharf. Die Abfolge der Entwicklung innerhalb der kosmischen Chakren hat jedoch im System den Wandel und die Öffnung zum Höchsten bewirkt und somit auch das dementsprechende Sehen.

Wenn der Geist geläutert wurde und alle Systeme an das Licht des Höchsten und Wahrhaftigen angeschlossen sind, wird das Kosmische Gesetz der reinsten Sichtweise und Wahrnehmung vollzogen. Das Gesetz bringt das Wahre zum Vorschein. Es fließen die Bilder der alten Form, also der nach außen gerichtete Blick, vorüber, ohne in Berührung zu gehen oder manipulativ wirken zu können. Das kosmisch-himmlische Auge ist in der Lichtübertragung kräftiger als das grobstoffliche Auge und daher schneller und markanter als die Manipulanten im Außen. Die Hingabe und die Öffnung zum Vater sind die Voraussetzung dafür. Das Vertrauen und das Bejahen des wahrhaftigen Sehens und Wissens bringen eine Neuorientierung und Neustrukturierung mit sich. Ein alles verändernder Abschnitt in der Lossagung vom Alten geschieht durch die Hingabe zum Neuen.

Der blaue Strahl und seine Wirkungen im System entsprechen dem geistigen Gesetz des kosmisch-himmlischen Sehens. Die Absolution des Wahrnehmens durch diese Lichtverbindung geschieht. Es bildet sich die Unendlichkeitsschleife des kosmischen Lichts zwischen dem körperlichen Wahrnehmungszentrum und dem kosmisch-himmlischen Auge. Der Strahl der unendlichen Wahrnehmung wirkt erfüllend, sodass sich alle Systeme auf Resonanz und Öffnung umgestellt haben. Die Persönlichkeitsstruktur wird der neuen Sichtweise angepasst. Denn wenn keine Störfaktoren im Außen mehr wahrgenommen werden und daher auch nicht mehr manipulieren können, können auch das alte Ego und seine alten Verhaltensmuster nicht mehr gültig sein.

Es wurde in mir also die Gültigkeit des höheren himmlischen Seins in die Norm gebracht. Ich stelle meinen Fokus auf diese Wahrnehmung ein. Ich erkenne das Höhere und Wahrhaftige, das sich mir zu offenbaren beginnt, sobald die Außenwahrnehmung in den Hintergrund getreten ist. Denn wenn das Ego zurücktritt und somit der Geist hervortritt, ist die einzige Sichtweise die höhere und wahrhaftige. Sie ist lebendig und dynamisch in ihren Bildern, nichts Starres zeigt sich mehr. Es sind die Bilder des kosmischhimmlischen Auges, die mir übermittelt werden. Ich lasse all diese Geschehnisse der Wandlung und Umstrukturierung voller Hingabe zu.

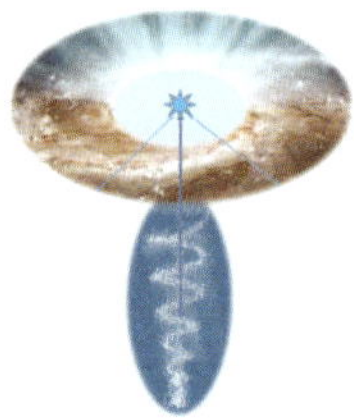

Kosmisches Lichtchakra – Einheitslicht

Ich bin mit dem kosmisch-himmlischen Auge verbunden und erfahre seine Sichtweise und die damit zusammenhängenden Impulse und Prozesse. Dadurch spüre und sehe ich alles viel intensiver und kann mich dem neuen Sehen ganz gezielt öffnen.

Alles im Außen ist nur ein Spiegel und zeigt mir, wohin ich meinen Fokus gerichtet habe. Daher stelle ich mir stets die Frage: Welchen Spiegel benutze ich gerade, den kosmischen oder den dualen? Bewusstsein und Gegenwärtigkeit im Handeln und Denken sind daher gefragt und das Erkennen des Jetzt-Zustands. Über das höhere Bewusstseinsfeld kann ich in die Verbindung mit dem allgegenwärtigen Jetzt treten und sehe daher auch die wahren geistigen Bilder.

Es liegt an mir, welchen Weg ich einschlage und welche Themen ich dabei noch zu bewältigen habe. Emotionen kommen nicht aus der kosmischen Ebene beziehungsweise der Geistebene. Sie entstehen im Emotionalkörper und nicht im Geistkörper. Nur der Geist kann das wahrhaftige Fühlen offenbaren, denn er benötigt keine Resonanz, keine Verursacher und schon gar keine Bedingungen.

Aus der Geistebene fließen die ungetrübten, uneingeschränkten und freien Lichtenergien ein. Nicht nur mein physischer Körper möchte mit Licht genährt werden, sondern auch alle meine weiteren Körperschichten und -ebenen. Es liegt an mir, ob ich sie empfangen kann, denn alle Voraussetzungen sind in mir bereits vorhanden. Es ist meine Entscheidung, von welcher Ebene heraus ich wahrnehme und handle.

Unterstützend dazu empfange ich das kosmische Licht aus dem Chakra der kosmischen Lichtebene.

- Dazu gehe ich in das freie und offene Feld der kosmischen Chakren und nehme das Licht der kosmischen Lichtebene wahr.
- Ich öffne mich dem Chakra des kosmischen Lichts und empfange über mein Lichtimplantat in meinem Thymus das Licht.
- Vor mir zeigt sich das kosmische Chakrenfeld in seiner Unendlichkeit und Ewigkeit, und ich sehe das kosmische Licht, das in meinem Körper aufgenommen wird.
- Mein Körper zeigt sich mir als eine Lotusblüte.
- Auch das kosmische Lichtchakra zeigt sich mir als kosmische Lotusblüte, die Licht aussendet. Meine Blüte wird von der kosmischen Lotusblüte (dem kosmischen Lichtchakra) genährt und mit Licht erfüllt.
- Ich öffne meine Blüte bis zur Unendlichkeit und kann sehen, dass meine Lotusblüte das Spiegelbild der kosmischen Lotusblüte ist.
- Zwischen meinem Thymus und meinem Herzzentrum kann ich das kosmische Lichtchakra (die kosmische Lotusblüte) sehr deutlich wahrnehmen.
- Die kosmische Lotusblüte hat im Inneren goldene Blütenblätter und kristalline Lichtkörper. Aus den Kristallen der kosmischen Lotusblüte strömt das unendliche kosmische Licht. Das Licht berührt das Innere meiner Lotusblüte und manifestiert sich

darin. Meine Blüte wird vom kristallinen Licht erweckt, erleuchtet und genährt. Das kosmische Lichtchakra ist in seiner vollsten Wirkkraft aktiv.

Durch die Lichtübertragung entsteht das Einheitsbildnis. Es gibt keine Trennung vom Licht. Alles ist eins, alles ist in Allem enthalten. Ich spüre den Wandel und die Aktivierung des Lichts in mir. Mein Lichtimplantat hat sich zur Lotusblüte gewandelt und wirkt mit völlig neuer Kraft. Das Licht aus dem kristallinen Lichtzentrum im Inneren der Blüte ist allumfassend und allgegenwärtig.

- Ich nehme eine Lichtenergie wahr, die mich an einen Buddha erinnert. Der Buddha hält die kosmische Lotusblüte in seiner Hand beziehungsweise lässt sie über seiner Hand schweben. Die Energien, das Licht und die Liebe fließen und schweben in völliger Freiheit und Leichtigkeit über der Hand.
- Ich kann mich selbst ebenfalls in der Haltung des Buddhas sehen und lasse die Lotusblüte über meinen Händen schweben. Dabei erfahre ich die Leichtigkeit des Schwebens.

Es ist ein wahrhaftiges Aufsteigen. Meine Schwingung wird durch diese Haltung und Energieverbindung so angehoben, dass ich selbst der Buddha bin und gleichzeitig die Lotusblüte. Das ist ein nicht voneinander trennbares Bild.

Ich atme das Licht tief in mich ein und lasse es fließen. Mit jedem Atemzug atme ich Licht über die Lotusblüte ein, und gleichzeitig schwebe ich als der Buddha im kosmischen

Licht. Dabei erfahre ich völlige Freiheit und Leichtigkeit und gleichzeitige Lichterfüllung. Ich bin Geist, ich bin Licht, ich bin die Lotusblüte, ich bin Buddha.

Die Symbolik der Lotusblüte zeigt die völlige Hingabe und Öffnung zur Liebe auf. Jener Liebe, die im Licht der Unendlichkeit und der Ewigkeit fließt.

Über den allgegenwärtigen Jetzt-Punkt, das ist der Kreuzungs-Mittelpunkt von Unendlichkeit und Ewigkeit, tritt die Lotusblüte in Erscheinung. Das Licht und die Liebe der Unendlichkeit und Ewigkeit übertragen sich in ihrer reinsten und klarsten Blütenform.

Jetzt können die Prozesse der Integration weitergehen. Ich kann tiefere Ebenen der Lichtintegration durchschreiten. Ich bin im Licht manifest, und das Licht manifestiert sich in mir. Das ist ein großer Unterschied, denn davor war das Licht eine externe Quelle, und ich musste es mir von außen zuführen. Jetzt aber bin ich das Licht, und das Licht ist in mir. Die Getrenntheit wurde aufgehoben, und Einheit wurde erschaffen, eine Lichteinheit, deren Grundlage meine völlige Öffnung und Hingabe ist.

Ich bleibe in der Einheit mit der Lotusblüte und dem Buddha, ich behalte dieses Bild in meiner Wahrnehmung. Es führt mich auf diese Weise immer tiefer in die Lichteinheit und in das All-eins-Sein.

Integration des kosmischen Lichts auf allen Ebenen des Seins

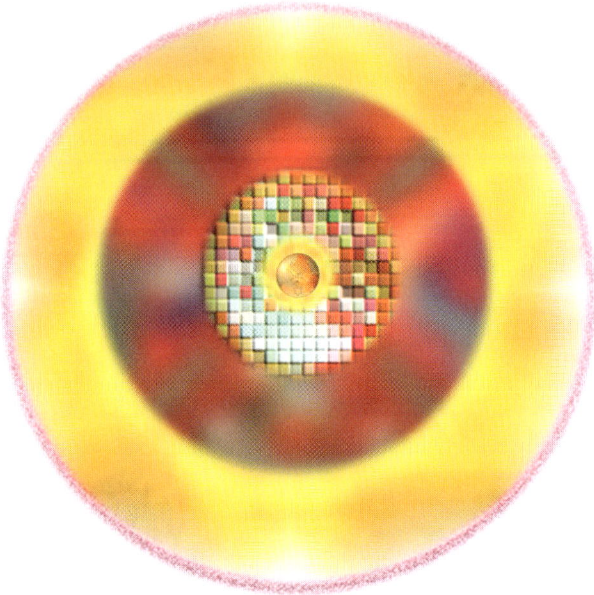

Ich nehme die Lotusblüte des kosmischen Chakras in mir wahr. Die Energien, das Licht und die Verbindung zum Chakra sind aktiv. Ich nehme mich als den Buddha wahr, der die Lotusblüte in seinen Händen hält und das Licht fließen lässt. Das Einheitslicht ist in mir, Einheit ist in mir.

Es ist das Einheitslicht, das mich versorgt und mich in die Tiefen der Lichterfüllung bringt. Ich bewahre meine Ausrichtung und Wahrnehmung zum Einheitslicht, denn es entspricht meiner wahrhaftigen Lichtversorgung. Mein Geist steht in der direkten Korrelation mit dem Licht. Über meine geistige Ausrichtung erfahre ich das Wahrhaftige.

Jetzt normiere ich noch meine Lebenssphäre und richte sie aus, damit mein Geistkörper in den Vordergrund tritt und die gesamte Sphäre in die geistige Ausrichtung geführt wird.

- Über meinen inneren Bildschirm sehe ich meine Lebenssphäre. Ich selbst stehe darin. Meine verschiedenen Körperschichten und Ebenen sind erkennbar, auch mein innerstes Lichtzentrum (die Lotusblüte). Es strahlt und leuchtet die gesamte Sphäre aus
- Die äußerste Schicht meiner Lebenssphäre ist ein goldener, strahlender Ring. Das ist mein Geistkörper. Im Geistkörper nehme ich auch meinen Seelenkörper wahr. Der Seelenkörper hat einen eigenen Lichtkreis, der violett-silberne Lichtenergien und Lichtstrahlen besitzt.
- Die nächste daran grenzende Körperebene ist mein Energiekörper. Er besitzt alle Regenbogenfarben,

und ich sehe, dass er sich ständig verändert, sowohl in der Farbgebung, als auch in der Form. Der Energiekörper ist ein sehr dynamisches Feld aus Energien und Licht.

- Im Innersten meiner Lebenssphäre ist mein Lichtzentrum. Dieses Licht wirkt über alle meine Körperebenen und überträgt sich daher auch in alle Ebenen meiner Lebenssphäre.

Jetzt ist es von besonderer Wichtigkeit, dass ich meinen Geistkörper bis in das Innerste meiner Lebenssphäre ausdehne. Dadurch durchdringt meine Geistpräsenz alle Ebenen. Ich ziehe dabei die Energien und das Licht meines Geistkörpers bis in die tiefsten Ebenen meines physischen Körpers und verankere dort mein Geistlicht.

- Dazu nehme ich meine Lebenssphäre wahr und vertiefe mich in meinen Geistkörper. Das ist der goldene Ring, der sich um meinen Gesamtkörper bildet. Ich verstärke die Energien des Rings und dehne ihn kraft meines geistigen Willens aus. Dabei sehe ich, dass auch mein Seelenkörper ausgedehnt wird, denn er ist Bestandteil des Geistkörpers.
- So wachsen in meiner Lebenssphäre der goldene und der violett-silberne Ring und breiten sich immer mehr aus. Meine Energiekörperebene ist bereits vom Geistkörper erfüllt.
- Zwischen der Lotusblüte auf Energiekörperebene und meinem Herzen auf physischer Körperebene

zeigt sich ein Zwischenraum, in dem sich jetzt das geistige Licht integriert.

- Ich setze einen Ankerpunkt des geistigen Lichts in das Zentrum des Zwischenraums, und es bildet sich ein goldener Lichtkreis, der den Zwischenraum ausfüllt.
- Somit hat sich der Geist in meinem Innersten integriert und ist gleichzeitig in meiner äußersten Schicht verankert. Die beiden Lichtringe (gold und violett) schwingen völlig identisch, und die Wellen des Lichts fließen von innen nach außen bis hin zum äußersten Lichtring und von außen nach innen bis zum innersten Lichtring.

Das Licht spannt einen Lichtbogen über alle meine Körperebenen und -schichten. Das Licht fließt unaufhörlich in beide Richtungen. Meine Lebenssphäre zeigt die völlige Erfüllung mit Licht, und alle darin enthaltenen Ebenen haben das Licht als ihre Grundlage integriert.

Das ist die Grundlage, das Licht in seiner Allumfassenheit und Allgegenwärtigkeit zu manifestieren. Mein Geist hat seinen Raum geweitet und ist jetzt in seiner Lichtpräsenz auf allen Ebenen vorhanden.

Ich nehme das Licht in mir wahr und erkenne die Allumfassenheit des Lichts. Es ist mein Geist, der dieses Licht aussendet und mich mit den Lichtebenen verbindet. Er hat jetzt seine wahrhaftige Präsenz in mir angenommen. Er wurde aus den äußeren geistigen Grenzbereichen in die Allumfassenheit des Seins integriert.

Dieser Erweiterungsprozess wirkt sich ebenfalls auf meinen Seelenkörper und auf mein Seelenlicht aus. Denn auch das Seelenlicht ist jetzt in seiner Allumfassenheit und Allgegenwärtigkeit in all meinen Körperebenen integriert. So erfahre ich mehr geistig-seelisches Potenzial in meinem Wirken und Sein auf allen Körperebenen. Ich empfange direkt aus meiner Seele die Seelenimpulse, die mich auf meinen Wegen führen und begleiten.

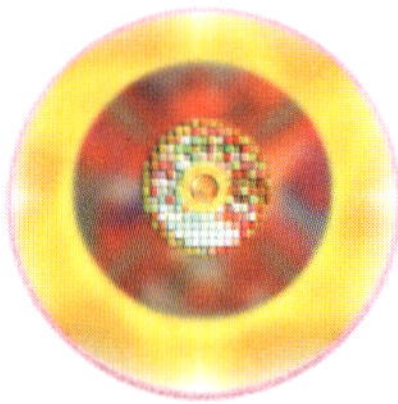

Marien-Chakra der Gottesmutter-Liebe

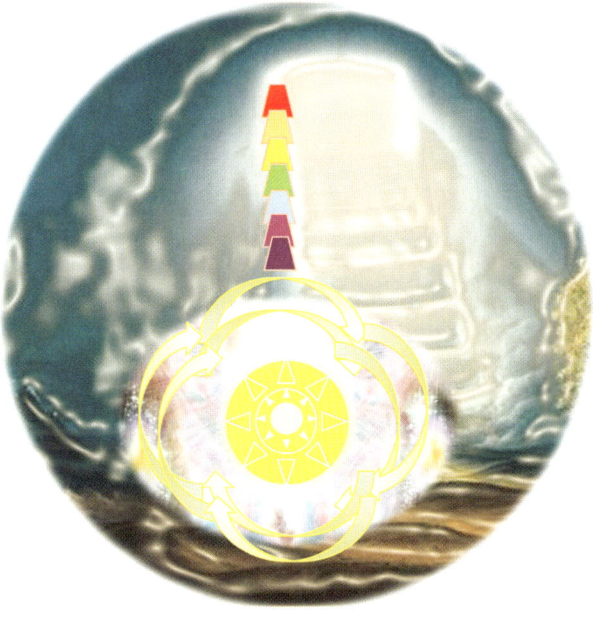

Einleitend und gleichzeitig integrierend nehme ich Folgendes wahr:

- Breite Lichtbahnen zeigen sich. Sie haben verschiedene Farben, Klänge und Energien. Sie ähneln bunten Wasserrutschen. Licht und Energie fließen in ihnen. Ich starte mit der ersten Rutsche und gleite los.
- Ich lasse einfach los und rutsche. Es ist ein unglaublich erleichterndes Gefühl, als würde ich in die Unendlichkeit rutschen. Ich genieße es und lasse alles los. So rutsche ich die ersten Rutsche entlang und habe den Eindruck, dass die nächsten Rutschen nahtlos daran geknüpft sind. Ich rutsche durch verschiedene Farben, Klänge und Energien.
- Das wirkt berauschend auf mein System. Dabei werde ich immer lichtdurchlässiger und erkenne, dass viele erschwerende Energien von mir abfallen.
- Je länger und tiefer ich rutsche, desto mehr ähnelt es einem Schweben und Dahingleiten, und ich komme dabei immer tiefer in ein Gefühl der Freude, der Liebe, der Glückseligkeit, der Freiheit und der Losgelöstheit.
- Es zeigt sich, dass es in diesem Feld, durch das ich gerade rutsche, ein Energie-Lichtzentrum gibt. Ich nähere mich ihm langsam. Das Licht wirkt wie ein Magnet. Es zieht mich zu sich. Mein Herz wird dabei geöffnet und geweitet.

- Es fließen klärende und normierende Energien in mein Herz ein, dabei lösen sich Schranken und Blockaden.
- Als Ergebnis dieses Prozesses zeigt sich, dass aus meinem Herzzentrum eine bisher noch nie dagewesene Energie zu fließen beginnt. Das Bild eines goldenen Baches zeigt sich. Zuerst langsam und spärlich, doch je näher ich dem Lichtzentrum komme, desto schneller und kräftiger fließt das goldene Wasser des Baches.
- Ich spüre die absolute Erfüllung in meinem Herzzentrum. Dieses Gefühl breitet sich auf meinen Gesamtkörper aus. Das goldene Wasser des Baches fließt durch alle Ebenen und Schichten, es scheint grenzenlos zu fließen, und diese Grenzenlosigkeit an Licht und Energie breitet sich in mir aus.

Ich spüre die Marien-Essenz und die unendliche Liebe der Gottesmutter, die mich in sich aufnimmt und mich erfüllt. Es ist das Gefühl der absoluten Liebe und Glückseligkeit, das mich schon anfangs bei den ersten Wahrnehmungen des Marien-Chakras ergriffen hat. Ich öffne mich der Liebe und lasse den Fluss der Liebe fließen. Ich spüre mein Ankommen in der Energieessenz. Mutter Maria unterstützt mich bei all diesen Prozessen.

Ich bin im Zentrum der allmächtigen und allumfassenden Liebe angekommen. Es ist ein Energiezentrum, das mir ein unendliches Maß an Liebe vermittelt. Dabei werden alle meine Herzensblockaden und Liebesbegrenzungen transformiert, und ich werde durch die Vereinigung mit dem ewiglichen Fluss der Liebe von meinen karmischen und dualistischen Beschränkungen befreit.

Dieses Energiezentrum nennt sich das Marien-Chakra, denn es beinhaltet die Liebe in ihrer Absolution. Die Gottesmutter-Liebe ist die vereinigte Schöpferliebe von Gottvater und Gottmutter. Das Marien-Chakra trägt die Einheit der Liebe in sich.

Bei der Begegnung mit dem Marien-Chakra erfahre ich, wie liebevoll, erfüllend, beglückend, bedingungslos und herzöffnend die göttliche Liebe ist. Ich bin Träger und Botschafter der Liebe und des Lichts des Vaters, und deshalb ist diese Aktivierung von großer Bedeutung für mich.

Mein Wirken ist vieldimensional, auch wenn meine Wahrnehmung meistens noch auf das Irdische gerichtet ist. So darf ich nicht vergessen, dass ich nicht nur im Irdischen existiere. Ich bin nicht nur Körper auf Erden. Ich bin Geist im universellen Raum, und dieser ist nicht auf das Kleinste beschränkt. Er ist das Größte, das Unendliche.

Als dieses Geist-Körper-Wesen bin ich in das Energiefeld der Gottesmutter-Liebe getreten, um sie in mir zu aktivieren, zu verankern und, vor allem, um sie zu übertragen. Über meine geistige Ausrichtung geschieht diese Übertragung in alle meine Seins-Bereiche, sowohl irdisch, als auch kosmisch gesehen. Dabei bringe ich ein sehr helles Licht hervor. Durch meine geistige Ausrichtung erfahre ich die Unendlichkeit der Liebe und des Lichts.

Nichts im Außen entspricht der Realität. Es sind nur Außenwahrnehmungen durch die Körperwahrnehmungsorgane. Nur der Geist kann das Wahre und Wahrhaftige erfassen, nur der Geist kann die wahrhaftigen Bilder übermitteln. Die Erfüllung durch die Glückseligkeit und der daraus entstehenden Herzensfreude entspricht und entspringt der wahrhaftigen Liebe, und genau diese ist jetzt aktiv. Über die geistige Ausrichtung geschieht die Liebeserfüllung, und mit ihr die Glückseligkeit.

Die Dualität fordert immerfort und unaufhörlich nach bedingter Liebe, doch in der Einheit ist die Liebe unendlich und bedingungslos vorhanden. Was zählt, ist die geistige Ausrichtung, sind die geistigen Bilder. Das ist ein schwieriges Thema für alle Menschen. Doch die Erkenntnis daraus zeigt sehr deutlich, dass Leid, Hass, Krieg und Neid nicht der Realität der Schöpfung entsprechen können. Einzig und allein die Liebe ist vom Schöpfer erschaffen. Nur die Hingabe zu ihr und das Leben in der absoluten, allumfassenden Liebe können der Schöpfung entsprechen. Über die geistige Liebesausrichtung und über das Marien-Chakra ist die Stabilität der göttlichen Liebe möglich. Das Marien-Chakra wirkt unterstützend während der Loslösungsprozesse aus der Dualität heraus.

Scheinbares und Anmaßendes verstecken sich gerne in Gedankenmustern und Handlungsweisen. Die Herzenergien sollen darüber stehen und dem Verstand keine Chance zur Zentrierung und Fokussierung ermöglichen. Deshalb ist für alle Aufsteigenden und Erwachten die Generierung des Herzzentrums von so großer Wichtigkeit. Immer tiefer wollen die Ebenen erschlossen und geöffnet werden, damit das höchste Liebespotenzial aus sich heraus wachsen kann. Je mehr Potenzial freigeworden ist, desto weniger Egoverhalten tritt in den Vordergrund. Das Marien-Chakra dient dazu, den Generierungsprozess zu durchlaufen.

Mein Fokus ist auf das Chakra gerichtet und nicht auf den Verstand, denn dieser bildet Automatisierungsabläufe. Das kann ich umgehen, indem ich lerne zu erkennen, welche Programme vom Verstand erzeugt werden.

Ich visualisiere und verbinde mich mit dem Marien-Chakra, um in seinem Bewusstseinspotenzial zu verweilen. Rein mein Geist in Verbindung mit meinem Herzen kann aus der höchsten Ebene der Liebe erschaffen.

Kosmisches Klangchakra der Gottesliebe

Das Licht des Vaters ist in mir. Sein Licht und seine Liebe erklingen aus meinem Herzen. Einheit und Harmonie schwingen in mir.

Klänge der Gotteserfüllung ertönen. Sanfte rhythmische Klänge erklingen aus mir und um mich herum. Ich erkenne mich wieder im kosmischen Klangchakra der Gottesliebe. Die Klänge des Vaters ertönen, und diese Klänge und deren Schall werden von Wellen durch das gesamte kosmische Feld getragen. Es ist eine ganz besondere Klangfarben-Symphonie, deren Töne unbeschreiblich sind.

- Ich stehe unmittelbar vor dem Chakra, inmitten der Klangwellen. Ich werde mit unbeschreiblicher Leichtigkeit und mit ihrer Vollkommenheit an Klang, Farbe und Schwingung erfüllt. Farbmuster entstehen in mir.
- Mein Himmelsstern und der dahinterliegende Himmels-Seelenstern gehen mit dem kosmischen Klangchakra in Resonanz. Die Farb-Klang-Muster integrieren sich in meinen Himmels-Chakren in all ihrer Farbenpracht und Klangvollkommenheit.
- Die Schwingung steigt mit jeder Klangwelle, die mich erreicht. Auch in meinem Herzchakra nehme ich die Schwingungsanhebung wahr. Es wird leichter und lichtdurchfluteter.
- Himmelsstern und Herzchakra sind miteinander verbunden und im kosmischen Integrationsprozess eingebunden.
- Das kosmische Chakra öffnet sich mir und lädt mich ein, in sein Innerstes zu kommen.

- Ein Klangimpuls zieht mich in das kosmische Chakra und seine kosmischen Klänge, seine Farben, seine Energien, seine Schwingungen und die unendliche kosmische Liebe. Das Licht in seiner Erfülltheit und Vollkommenheit der Klangwellen empfängt mich.
- Von meinem Herzchakra bis zu meinem Himmelsstern-Chakra beginnt ein kaminrot-oranges Feuer zu brennen. Das ist das Lichtzentrum des kosmischen Klangchakras. Das Feuer der kosmischen Liebe erzeugt den Klang der kosmischen Liebe, der sich in Wellen verbreitet. Es sind Klänge der Liebe, die durch das gesamte Universum schwingen. Die kosmische Liebe erfüllt auch mein Innerstes. Sie erzeugt in mir Stille, Frieden, Freude, Glückseligkeit.

Eine Welle beginnt sich von meinem Innersten aus aufzubauen und von mir auszustrahlen. Der Klang der kosmischen Liebe hat sich in mir manifestiert, sodass auch ich diese Klangwellen aussenden kann. Meine Makroebene als auch meine Mikroebene sind von den kosmischen Klangwellen berührt. Es ist erstaunlich, welche Wirkung sie besitzen. Sie fließen und klingen in der kosmischen Liebe und verbreiten das kosmische Licht.

Das ist die Allmächtigkeit der Liebe, die keine Trennung, keine Grenzen und keine Dunkelheit kennt. Es offenbart sich das kosmische Klangchakra, das der kosmische Träger der Allmächtigkeit des Lichts und der Allgegenwärtigkeit der Liebe ist. Seine Klänge und seine Wellen sind die Schwingung des Universums, des Schöpferreichs und aller Ebenen der Schöpfung.

Die Illusion der Trennung und der Dualität löst sich in der Unmittelbarkeit der Klangwellen auf. Der Schleier zerfällt, die Täuschung wird offensichtlich. Übrig bleiben das Wahrhaftige, das Allmächtige, die Liebe und seine Wellen. Das kosmische Klangchakra vermag durch seinen allmächtigen Klang sofortige Erlösung und Erleuchtung zu bewirken. Es ist ein kosmisches Gesetz, dass nichts das Licht und die Liebe in ihrer Allmächtigkeit trüben kann. Übertragen sich das kosmische Licht und die kosmische Liebe, so überträgt sich die Allmächtigkeit, und das entspricht dem Willen des Vaters. So sei es, und so soll die Allmächtigkeit der Liebe und des Lichts in alle Seinsbereiche fließen.

Das Licht nimmt seinen Raum ein. Die Allmächtigkeit der Liebe löst alles auf, was nicht der Liebe entspricht. Macht, Neid, Unfrieden und Gier werden durch die Klangwellen der Liebe genommen. Das Tor der Liebe öffnet sich, die Klänge der Liebe erfüllen den Raum, das Feuer der Allmächtigkeit beginnt zu brennen. Das Klangchakra der Gottesliebe verankert sich im Hier und Jetzt.

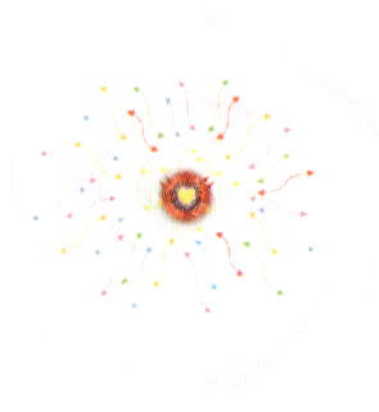

Kosmische Lebensblume der Dreifaltigkeit

Jede Ebene hat ihre Ziele und Inhalte, die es zu erreichen und zu integrieren gilt. Das kosmische Licht, die kosmischen Chakren und der kosmische Lichtkreis gehören in diese Ebene. Es integrieren sich dabei neue Lichtfrequenzen, die mir neues Potenzial ermöglichen, wobei neue Räume geöffnet werden.

- Über meinem Kopf zeigen sich drei Lichtblitze, die am oberen Ende miteinander verbunden sind. Sie erzeugen eine sehr hohe Lichtfrequenz um meinen Kopfbereich. Meine Stirn, mein Hinterkopf und mein Oberkopf werden von den Lichtblitzen berührt. Die Lichtaktivität der kosmischen Lichtfrequenz bewirkt eine Neustrukturierung innerhalb meines Kopfbereichs.

Durch die Erschließung des Lichtkreises innerhalb meines Bewusstseinsraums integriert sich das kosmische Licht. Das Ergebnis der Integrität des kosmisch-geistigen Lichtkreises ist die Steuerung neuer Synapsen, neuer Schaltkreise, und damit verbundene die Neubildung meiner kosmischen Identität.

Ich nehme den Lichtkreis in meiner Lebenssphäre wahr und integriere sie darin.

- Ich nehme mich als Gesamtwesen innerhalb meiner goldenen Lebenssphäre wahr. Mein Energiefeld zeigt verschiedene Energiekreise in den Farben Gold, Silber, Violett, Rosa, Gelb und Weiß. Ich sehe, dass von außen der kosmische Lichtkreis einzufließen beginnt. Die drei Lichtblitze fließen durch die Schichten der Lebenssphäre hindurch, und der Lichtkreislauf zeigt sich.

- Zuerst zeigt sich ein Lichtkreis in der oberen Hälfte der Sphäre, und ein zweiter bildet sich in der unteren Hälfte. Beide zusammen ergeben eine Lemniskate, deren Energien unaufhörlich im Kreislauf meiner Lebenssphäre fließen.
- Die obere Hälfte ist das kosmisch-geistige Licht.
- Die untere Hälfte ist das kosmische Herzlicht.
- Es zeigt sich noch eine weitere Lemniskate. Sie legt sich quer über die stehende Lemniskate und ist das kosmische Seelenlicht.
- Auch dieser Lichtkreis integriert sich in meiner Lebenssphäre, und so entsteht innerhalb meines Energiefelds eine Lichtkreisformation aller drei Ebenen von Geist, Seele und Körper. Der Lichtkreis hat die Form einer Blume angenommen und zeigt sich sehr dynamisch.

Durch die Komplettierung des kosmischen Lichtkreises hat sich die wahrhaftige Formation der Dreifaltigkeit des kosmischen Lichts integriert. Geist-Seele-Körper auf kosmischer Basis entsprechen der göttlichen Dreifaltigkeit. Der kosmische Lichtkreis in Form der Lebensblume ist das Zeichen seiner Integration innerhalb meiner Lebenssphäre.

Das sind sehr intensive Prozesse der Neuerschaffung meiner neuen Lebensbasis. Das kosmische Licht hat sich in mir in Form der kosmischen Lebensblume integriert. Seine Dynamik im unendlichen Lichtfluss der Dreifaltigkeit ist zu erkennen, und in dieser Dynamik offenbaren sich auch meine neue Lebensplattform und meine Lebenssphäre. Mein Energiekörper hat die kosmische Lebensblume als sein Lichtzentrum integriert. Dadurch kommt eine neue Dynamik in mein Leben, die mir neue Wege und neues Bewusstseinspotenzial ermöglicht.

Es schwingen drei Lichtkreise innerhalb der Lebensblume, der geistige, der seelische und der körperliche Lichtkreis. Dass sie nicht voneinander getrennt sind, zeigt ganz eindeutig die Formation der vereinigten, ineinanderfließenden Lichtkreis-Blume. Es wollen alle drei Lichtkreise gleichermaßen in meinem Leben integriert sein und zum Ausdruck gebracht werden.

Kosmisches Chakra der Unendlichkeit

Ich fühle das Licht und die Liebe des Vaters. Ich erkenne in mir den kosmischen Lichtkreis und die kosmische Lebensblume mit all ihrer Dynamik und ihren erneuernden Energien. Es sprühen Lichtstrahlen aus meinem Herzzentrum, die klärend und raumöffnend wirken. Sie erzeugen noch mehr Dynamik in der kosmischen Lebensblume. So entsteht in mir ein weiter, offener Raum, in dem das Licht strahlt und der Vater Raum einnimmt.

- Der Vater legt seine Hände zu einer Schale zusammen, und in seinen Händen erscheint eine leuchtende Kugel, aus der eine weiße Taube aufsteigt.
- Ich kann in das Innere der Kugel blicken und erkenne darin die Unendlichkeit des Seins, der Welt, des Universums, des Schöpferreichs, des Schöpfers. Ich erkenne mich darin.
- Die weiße Taube schwebt über der Kugel, und mit jedem ihrer Flügelschläge weitet sich die Kugel, wird transparenter und gleichzeitig lichtvoller.

Die Kugel in den Händen des Vaters ist das kosmische Chakra der Unendlichkeit. Der Heilige Geist ist der Ausdruck dessen, was die Taube symbolisiert. Die unendliche Weisheit des Heiligen Geistes gilt als die Basis der Unendlichkeit von Raum und Zeit.

In seiner unendlichen Liebe und Weisheit erschuf der Vater das Sein, erschuf den Schöpferraum, alle Welten, Universen und das unendliche, niemals endende Jetzt.

Das Chakra der Unendlichkeit ist ein Energiefeld, das weder Raum noch Zeit besitzt. Es ist als ein Tor zu verstehen, das in die Raum- und Zeitlosigkeit führt, also in die Unendlichkeit von Raum und Zeit.

Durch meine Energieverbindung werde ich mit dem unendlichen Raum-Zeit-Gefüge verbunden und von der unendlichen kosmischen Weisheit berührt. Das Chakra ist der Eintrittspunkt in eine erweiterte Wahrnehmungsmöglichkeit. Ich erkenne im Chakra die Welt in ihrer Unendlichkeit. Ich verstehe, dass ich mich über das gesamte Raum-Zeit-Gefüge erheben kann, um die Welt in ihrer Unendlichkeit zu erfahren, so, wie die Taube es symbolisch tut.

- Ich nehme wieder das kosmische Chakra der Unendlichkeit in den Händen des Vaters wahr. Er führt mich direkt zu dem Chakra, als würde er mich zu einem Energietor führen. Es ist die Hand des Vaters, die mich führt, und ich spüre, dass mich die Energien der Marien-Essenz begleiten.
- Sieben goldene Stufen zeigen sich mir, die zum Tor führen. Sie sind sehr breit und wirken öffnend und einladend.
- Ich betrete die erste Stufe. Es erklingen sehr hohe Töne. Diese Klänge werden über meine Beine in meinen Körper gelenkt, und dabei erhöht sich die Schwingung in meinem Körper.
- Durch diese Schwingungsanhebung schwebe ich bereits zur nächsten Stufe. Der Klang der zweiten Stufe ist noch eine Oktave höher. Ich verspüre in

meinem Körper eine weitere Schwingungsanhebung.

- Dadurch bin ich bereits zur dritten Stufe aufgestiegen. Diese Stufe beinhaltet reinste goldene Energien. Von meinen Beinen aufwärts wächst das Gold in seiner Reinheit und Freiheit.
- In dieser Leichtigkeit komme ich zur vierten Stufe, und dort erfährt mein Energiesystem eine Erweiterung. Es leuchtet zwischen Solarplexus und Herzchakra das kleine Kalpa-Taru-Chakra[8] auf. Durch das Betreten der vierten Stufe aktiviert sich in mir das Chakra. Das Kalpa-Taru-Chakra ist der Eintrittspunkt in die Unendlichkeit und der Verbindungspunkt zum kosmischen Chakra der Unendlichkeit. Das Chakra beginnt zu leuchten. Es zeigen sich darin alle Farben des Regenbogens und gleichzeitig das leuchtende Gold.
- Jetzt bin ich auf der fünften Stufe angekommen, und das Gold fließt in mein Herzzentrum und in mein Thymuschakra. Mein gesamter Oberkörper leuchtet und erstrahlt im goldenen Licht.
- Auf der sechsten Stufe spüre ich in meinem Kopfbereich die allumfassende Erleuchtung. Alle meine Kopfchakren werden vom Gold erfüllt und berührt.
- Auf der siebten Stufe wird mein höheres Chakrenfeld bis zum Himmelsstern erleuchtet. Die unteren,

8 Das Kalpa-Taru-Chakra ist eins der wichtigsten Nebenchakren. In der allgemeinen Chakrenlehre wird es mit der Eigenverantwortung und der Selbstverwirklichung in Verbindung gebracht. In der höheren göttlichen Chakrenlehre ist es der Eintrittspunkt in die Unendlichkeit.

die mittleren und die höheren Chakren vereinen sich zu einem einzigen Chakrenfeld, das keine Unterteilungen mehr kennt.

- Jetzt stehe ich vor dem Tor in das kosmische Chakra der Unendlichkeit. Es ist ein Energietor, das mich in seine Energien und seine Unbegrenztheit von Raum und Zeit führt.
- Im Moment meines Eintritts in das Chakra sehe ich, dass die weiße Taube mich begleitet hat. Ich nehme das Kalpa-Taru-Chakra in mir wahr, das in all seiner Leuchtkraft in mir aktiv ist. Ich trete ein und nehme die Welt in ihrer Unendlichkeit wahr – die gesamte Schöpfung in ihrer Unendlichkeit.

Durch meine Lichtverbindung zum Chakra der Unendlichkeit werde ich immer wieder in dieses Feld eintreten, um mich darin zu erneuern und mich daran zu erinnern, dass die Erscheinung von Raum und Zeit nur eine Form der äußeren Wahrnehmung ist. Dabei werde ich mich daran erinnern, dass es neben der weltlichen Wahrnehmung noch die der Unendlichkeit gibt. So wird es mir möglich, zwischen beiden Wahrnehmungen zu wählen. Es liegt in meiner freien Entscheidung, welche dieser Wahrnehmungen ich wähle. Beide sind möglich und stehen mir zur Verfügung.

Im Alltagsleben erscheint es anfangs sehr schwierig, in die Unendlichkeit des Raum-Zeit-Felds einzutreten, doch das sind nur Schranken des beschränkten Verstandes. Natürlich ist es mir in allen Lebenslagen möglich, denn mein

Kalpa-Taru-Chakra kann von mir jederzeit aktiviert werden, um über die sieben Stufen in das Kosmische Chakra der Unendlichkeit einzutreten und dabei in die Wahrnehmung der Unendlichkeit zu gelangen.

Kosmisches Chakra Hypersika – Chakra der allumfassenden Glückseligkeit

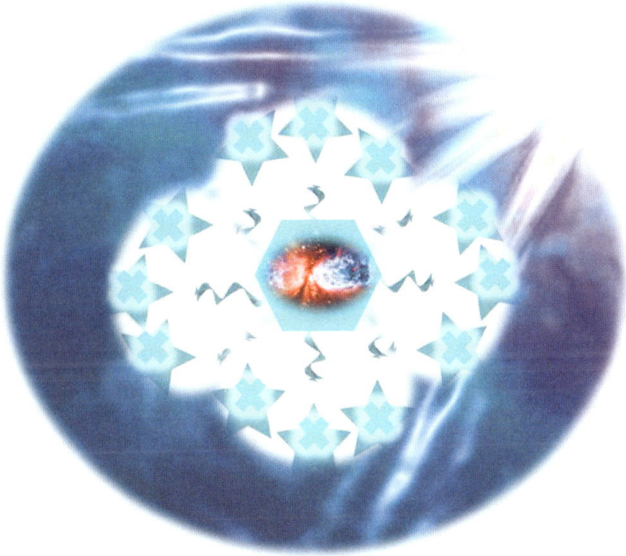

Mein Geist ist präsent im Licht der Unendlichkeit. Ich nehme das kosmische Chakrenfeld wahr und das kosmische Licht, das diese Ebene erleuchtet. Ich sehe, dass mein Gesamtkörper mit den Energien des kosmischen Chakrenfelds in Resonanz geht. Gesamtheitlich werde ich berührt und erfüllt vom Licht und von der Liebe des Vaters, der mich tiefer in das Energiefeld der kosmischen Chakren führt, damit ich in eine noch tiefere Verbindung gehen kann.

- Vor mir erscheint ein Feld voller türkisfarbener Sterne. Mein Thymus und mein Kehlkopf gehen sofort in Resonanz mit dem Feld. Die Sterne erzeugen in mir ein enorm beglückendes, aber auch ein erneuerndes Gefühl.
- In meinem Thymus und meinem Kehlkopf entsteht ein Feld des Glücks, der Seligkeit, der Freude.
- Wellen der Erneuerung und des Wiederaufbaus werden aus meinem Brust- und Halsbereich in meinen restlichen Gesamtkörper ausgesandt.

Die türkisfarbenen Sterne besitzen ein starkes Feld der Eigendynamik. Sie strahlen, drehen sich, sind flexibel in ihrem Wirkungsbereich und nicht starr auf ihren Standort fixiert. Sie sind alle über Lichtverbindungskanäle miteinander verbunden und bilden ein Einheitsfeld. Dennoch hat jeder seine Eigendynamik und seinen eigenen Wirkungsbereich.

- Ich werde noch tiefer in das Energiefeld geführt. Darin befindet sich ein Lichtzentrum. Es ist das Einheitszentrum des kosmischen Chakras. Ich kann mich ihm nähern und nehme immer intensiver die Energien und die Formation wahr, die das Chakra ausstrahlt.

- Der türkisfarbene Lichtkristall des Chakras offenbart sich mir, und seine Energien fließen über in meinen Energiekörper.
- Ein neues Energiezentrum öffnet sich mir, das genau zwischen Kehlkopf und Thymus liegt, dort, wo sich die Schilddrüse befindet. Die Essenz des kosmischen Chakras überträgt sich durch das türkisfarbene Licht in meinen Körper. Immer konzentrierter und essenzieller wird das Licht, bis es sich zu einem türkisfarbenen Lichtkristall formt. Dabei manifestiert sich das neue Chakrenlicht in mir.

Jetzt bin ich in das kosmische Feld der Hypersika eingetreten, das Chakra, das für die kosmische Glückseligkeit und Herrlichkeit steht. Auf grobstofflicher Körperebene steht es mit meiner Schilddrüse in Verbindung, die (vereinfacht ausgedrückt) für die Aussendung und Steuerung der körpereigenen Glückshormone zuständig ist. Man kann also die Hypersika auch die kosmische Schilddrüse nennen, denn sie steuert ebenfalls auf kosmischer Ebene die allumfassende und allgegenwärtige Herrlichkeit der Gottesebene. Durch den Integrationsprozess konnte sich in mir das kosmische Chakra der Hypersika integrieren. Das bringt die Absolution der Herrlichkeit und die kosmische Glückseligkeit in mich.

Auf grobstofflicher Körperebene ist es die Schilddrüse, die ab jetzt diese Funktion übernommen hat. Auf feinstofflicher Ebene ist es das Hypersika-Chakra, das die allgegenwärtige Herrlichkeit und Glückseligkeit in meinem Gesamtenergiekörper erschafft. Es ist kein Nebenchakra, sondern eins der Hauptchakren der kosmischen Chakren-Ebene.

Dass dieses Chakra noch nicht im kollektiven Bewusstsein integriert ist, kommt von der Beschränktheit des dualen Kollektivs, das noch nicht an das kosmische Kollektiv angeschlossen ist. Auf kosmischer Ebene gibt es völlig andere Energiezentren und daher auch ein völlig anderes Energiepotenzial. Deshalb ist es so wichtig, dass ich mich der kosmischen Ebene weiterhin öffne und mich darin integriere. Dabei löse ich mich vom dualen irdischen Kollektiv und integriere mich in das kosmische Kollektiv.

Ich nehme das kosmische kollektive Feld wahr. Ich erkenne, wie mein feinstofflicher Körper mit jeder neuen kosmischen Chakren-Verbindung wächst und ich mich vom alten dualen Kollektiv mehr und mehr trenne. So kann in mir ein neuer Energieraum geöffnet werden, der mir sein Potenzial übermittelt. Ich stelle eine aktive Verbindung zum kosmischen Kollektiv her und nehme wahr:

- Über mein kosmisches geistiges Auge nehme ich das Energiefeld des kosmischen Kollektivs wahr. Das kosmische Kollektiv ist in seiner Vielfältigkeit und Mannigfaltigkeit unendlich und in so starker Absolutionspräsenz, dass schon allein durch das Wahrnehmen völlige Umkehr und Erneuerung stattfinden.
- Ich kann in meinem Energiefeld das alte duale Kollektiv wahrnehmen, all seine Archonten und Para-

siten, die darin ihr Unwesen treiben, aber auch die Beschränktheit und Kontrolle, die sie ausüben. Doch eins ist sofort erkennbar: Sobald das kosmische Kollektiv mit seiner Absolution in mir aktiv wird, findet ein Wechsel der Einflüsse statt. Das alte Feld tritt in den Hintergrund und verliert seine Macht und seinen Einfluss. Das neue kosmische Feld tritt in den Vordergrund und überträgt sein gesamtes Energiepotenzial.

Der Prozess des Paradigmenwechsels vom Alten zum Neuen, durch den jeder gehen muss, sollte im Vordergrund meiner Entwicklung stehen. Ich gehe dabei mit all meinen Themen hindurch, und überall dort, wo Resonanzen zu Themen vorhanden sind, wird das Kollektiv der Alten Zeit und der Alten Welt Überhand und Macht besitzen. Genau um diese Erlösung und Transformation geht es in meinem Entwicklungsprozess und in allen Entwicklungsprozessen.

Ich habe auf meiner Reise durch das kosmische Chakrenfeld bereits vieles gelernt und bin in die Ebenen des kosmischen Kollektivs aufgestiegen. Auch wenn mein Bewusstsein noch ständige Ausrichtung und Erneuerung braucht, sind in mir die Grundbausteine des Neuen gelegt und aktiv. Ich vertraue auf die Führung des Vaters, der mich befreit und erlöst.

Kosmisches Yoga – Kosmisches Feld der Freiheit und Losgelöstheit

Der Vater in seiner Allmächtigkeit und Allgegenwärtigkeit ist präsent. Ich spüre die Macht und die Kraft, die von ihm ausgehen. Ich öffne mein Herz und meinen Geist, und es zeigen sich goldene, silberne, weiße, violette, rosa und rote Lichtfelder. Sie hüllen mich ein und übertragen in alle meine Körperebenen Erfüllung und Erneuerung. Sie übertragen die Norm des Vaters.

In mir ist die Energie des Gottes-Yogi erkennbar. Absolution des Gotteslichts ist präsent.

1. Übung des kosmischen Gottes-Yogi: Die energetische Kehlkopfzunge

- Ein hellblaues Band zieht sich von meinem Kehlkopf heraus, als würde ich meine Zunge herausstrecken und ausrollen. So dehnt sich mein Energiefeld vom Kehlkopf nach außen aus. Ich bestärke es aktiv und strecke meine energetische Kehlkopfzunge heraus. Das ist ein sehr gutes Gefühl der Erweiterung, aber auch des Loslassens.
- Ich wiederhole das immer wieder, und dabei erfährt mein Kehlkopf immer mehr Erweiterung.
- Das Kehlkopfchakra beginnt sich zu drehen und intensiv zu pulsieren.
- Lichtimpulse werden vom Vater übertragen. Das gesamte göttliche Schöpferspektrum an Farben und Energien wird in Impulsen in den Kehlkopf übertragen.
- Es zeigt sich der gesamte göttliche Regenbogen in seiner Farbenvielfältigkeit und in seiner Unendlichkeit an Weite und Tiefe.
- Der Regenbogen durchfließt meinen Kehlkopf von vorne nach hinten und bildet einen Kreislauf um meinen Kopf- und Halsbereich.
- Der Regenbogen beginnt sich auch auf meinen Brustbereich auszudehnen, und mein Thymus wird ebenso erneuert und normiert.

Es ist die kosmische Freiheit und ihre Losgelöstheit, die mich gerade berühren und mich zur Neuausrichtungen führen. Ich kann auf all meinen Körperebenen spüren, dass ich das Bedürfnis nach Erneuerung und Umstellung habe.

Mein Körper beginnt sich neu auszurichten. Ich erschaffe sowohl im Innen als auch im Außen Freiraum und neuen Raum. Ich erschaffe das kosmische Feld von Freiheit und Loslösung in mir.

Es ist ein sehr wichtiger Prozess, der durch die momentane Energieausschüttung des kosmischen Feldes in den irdischen Lebensraum übertragen wird. Auf planetarischer, universeller und kosmischer Ebene werden diese Energien empfangen und bis in die niederen Felder übertragen.

Meine kosmische Kehlkopfzunge ist der Träger jener Energien, die mich von innen heraus erfüllen und Erneuerung in mir auslösen. Durch das Herausstrecken der kosmischen Kehlkopfzunge erweitere ich den Fluss und den Wirkbereich des kosmischen Freiheitsfelds. Der Energiekreislauf, der dabei entsteht, wirkt sowohl auf die Seelenebene, als auch auf die Geistebene ein. Ich bemerke, dass sich meine geistige Ausrichtung und mein geistiges Potenzial ausdehnen möchten und dem Neuen, dem Freien und Unendlichen entgegenstreben.

Dass die Beschränkungen eines dualen Geistes, der an das Irdische und an seine Getrenntheit gebunden ist, nicht mehr meinem Bewusstseinsstand entspricht, zeigt sich durch das Ausdehnen und Erweitern meines Geistkörpers sehr deutlich. Auf Seelenebene ist es die Überwindung seelisch-karmischer Belastungsenergien, die in meinem Seelenkörper abgespeichert sind. Die Seele in ihrer Unendlichkeit und Allumfassenheit ist durch Inkarnationsbelastungen geprägt, und ich habe es mir zur Aufgabe gemacht, auf Seelenebene Energieblockaden zu transformieren und meine Seele ihrer Göttlichkeit entsprechend zu transzendieren. Ich erschaffe auch auf Seelenebene Freiheit und Neuausrichtung, denn die starken kosmischen Energiefelder, die mich gerade erreichen, unterstützen diesen Vorgang.

Im irdischen Feld erfolgt ein Parameterwechsel, und es ist unübersehbar, dass sich das Alte aufzulösen beginnt. Sinnlosigkeit macht sich überall dort breit, wo die Tore ins Neue verschlossen bleiben und Blockaden nicht gelöst werden können. Dort stauen sich die Energien, und es kommt zur Eskalation. Schlimmstenfalls kommt es zur völligen Auflösung und Zerstörung der alten Räume. Das Neue fordert seinen Raum ein und das Alte seinen Tribut. Doch ich weiß, die Liebe ist stärker als all die dualen Mächte und ihre Existenzkämpfe. Die Liebe hat bereits ihren Raum eingenommen.

In dieser Zeit der Veränderung vertieft sich der Gottes-Yogi in seinen Übungen. Er öffnet sein Energiezentrum und dehnt es nach vorne und nach hinten aus. Er dehnt das Feld, das der Zunge ähnelt, aus und lässt es Raum einnehmen. Dadurch reinigt sich der Yogi von Persönlichkeitsstrukturen, die Starrheit und Enge beinhalten. Sobald sich bei diesen Übungen der Kreislauf des Lichts von vorne nach hinten geschlossen hat und der Regenbogen seinen Bogen schließt, ist der Raum des Neuen erschlossen und die Neuausrichtung erfolgt.

Ich praktiziere diese Übungen immer wieder. Ich strecke meine kosmische Kehlkopfzunge nach außen, öffne den Raum, lasse die Energien fließen, und der Energiekreislauf bildet sich. Es ist der Regenbogen, der sich zuerst von vorne nach hinten bildet, der einen Bogen über den Kopf spannt, und ich übertrage ihm den Impuls, sich bis in die Unendlichkeit auszudehnen. Ein unendlicher Regenbogen spannt sich von meinem Kehlkopf hin in das kosmische Feld der Freiheit und der Losgelöstheit.

Gottes-Yogi-Chakra

Das Energiefeld der kosmischen Chakren überträgt mir seine Kraft und seine Energien. Ich nehme ein Energiezentrum wahr. Das besitzt ein hohes geistiges Energiefeld und entspricht der Gesamtheitlichkeit des Schöpfers und seiner Allgegenwärtigkeit und Allumfassenheit. Darin liegt das Energiefeld des Gottes-Yogi. Das Lichtzentrum ist der Yogi-Kristall, und das gesamte Energiezentrum ist von einem goldenen Mantel umgeben

Auch im kosmischen Energiefeld gibt es ein Energiezentrum des kosmischen Gottes-Yogi. Dieses aktiviert sich bei mir, wenn ich in meiner geistigen Ausrichtung zum kosmischen Gottes-Yogi bin. Wenn ich die energetischen Yoga-Übungen praktiziere und mich mit der Gesamtheitlichkeit des Yogi-Felds verbinde, ist das gelebtes, verkörpertes und vergeistigtes Sein eines Gottes-Yogi. Dann beginnt das Chakra, mich mit den neuen Energien der kosmischen Gottes-Yogi-Ebene zu versorgen. Das Chakra besitzt die Vertikalität der Lichtwellen, die von der Unendlichkeit in die Ewigkeit fließen. Der Kreuzungsmittelpunkt zwischen Unendlichkeit und Ewigkeit ist das allgegenwärtige Jetzt. Darin befindet sich das Chakra, also das Energiezentrum des Gottes-Yogi. Sein Lichtzentrum ist der Yogi-Kristall.

2. Übung: Der Kelch des Yogi-Chakras

Es zeigt sich mir in der zweiten Übung das Symbol des Kelches, das dem Zeichen Y gleichzusetzen ist. Ich trinke aus dem Kelch und verbinde mich dabei mit seinen Energien. Das ist meine zweite Yoga-Übung, die ich jetzt lerne.

- Dazu nehme ich das kosmische Gottes-Yogi-Chakra wahr, seine Lichtwellen der Unendlichkeit und Ewigkeit.
- Ich vertiefe mich in seinem Lichtzentrum, bis sich das darin integrierte Y, also der Kelch des Chakras, zu zeigen beginnt. Es ist in der anschließenden Abbildung als Symbol des Kelches zu sehen.
- Ich trinke aus dem Kelch das Wasser des göttlichen Yogi-Chakras und erfahre Erfüllung und Ausrichtung meiner geistigen, seelischen und körperlichen Kapazitäten.

Ich aktiviere in mir das kosmische Gottes-Yogi-Chakra. Es befindet sich in der Energiekörperebene auf Höhe der Schilddrüse. Es ist nicht das Kehlkopfchakra, es hat seine Position etwas tiefer und besitzt die Form des Y. Durch das Üben und Praktizieren der Yoga-Übungen aktiviert sich das Chakra.

Ich beginne mit der ersten Übung, der energetischen kosmischen Kehlkopfzunge.

- Ich strecke die Zunge heraus, lasse die Energien fließen und öffne sie, bis der Kreislauf des Lichts fließt. Ich spanne den Regenbogen von vorne nach hinten und gebe ihm den Impuls der Weite und der Unendlichkeit.

Ich beginne mit der zweiten Übung: Das Trinken aus dem Kelch.

- Ich nehme das kosmische Gottes-Yogi-Chakra wahr und seine Lichtwellen der Unendlichkeit und Ewigkeit. Ich sehe das Lichtzentrum, seinen Lichtkristall und vertiefe mich im Licht. Das Y beginnt sich zu zeigen, und der Kelch beginnt sich zu formen.
- Ich trinke aus ihm das Wasser der Göttlichkeit des Gottes-Yogi. Ich spüre, dass sich das Wasser in meinem Geistkörper von innen nach außen ausdehnt. Ich erkenne, dass der Geist des Gottes-Yogi Raum einnimmt.
- Das Wasser des Kelches dehnt sich auch auf Seelenkörperebene wellenartig aus, und eine vertikale und eine horizontale Wellenlinie nehmen darin Form an. Meine Seele erfährt das Potenzial des Gottes-Yogi und gleichzeitig Erweiterung und Neuausrichtung.

Auf Energie-Körperebene spüre ich durch das Einfließen des Wassers, dass meine Energiezentren eine neue Formation annehmen, als würde jedes meiner Chakren zum Kelch werden und ein Y darstellen.

Auch auf Körperebene stehe ich mit geöffneten Armen wie ein Kelch da und öffne meinen Körper nach oben zum Licht. Ich empfange über mein Gottes-Yogi-Chakra das Licht und alle benötigten Energie.

3. Übung: Bildung des kosmischen Lichtkreises

Durch die dritte Energieübung erzeuge ich den kosmischen Lichtkreis

Meine Hände haben die Kraft, das Licht zu formen. Mein Geist hat die Kraft, die Form zu erschaffen. In dieser Übung geht es darum, dass ich selbst aktiv an meinem Lichtraum arbeite und die Steuerung übernehme. Es sind sehr einfache Übungen, die ich dabei mache. Es ist deshalb so wichtig, dass ich die Eigensteuerung übernehme, weil das Außen, also das Feld der Dualität, sehr massiv zerrt und fordert. Wenn mein Energiefeld nicht geschlossen ist, werde ich sehr rasch von der Dualität vereinnahmt, und meine Kräfte schwinden. Mangel entsteht, wodurch ich verletzlich werde.

Durch die dritte Yogi-Übung baue ich das kosmische Licht um mich herum auf und bin dadurch in einer aktiven Wahrnehmung meines Lichtzustands.

Der Vater erscheint unmittelbar vor mir. Aus seinen Händen, die er mir entgegenhält, strahlt das göttliche Licht. Ich öffne meine Hände und empfange über meine Handchakren das göttliche Licht.

- Ich verbinde dabei meine Hände mit dem göttlichen Lichtstrahl.
- Ich erhebe meine lichterfüllten Hände über meinen Kopf und verankere über meinem Kopf den Ausgangspunkt des Lichts in Form einer Lichtkugel. Das ist der Ankerpunkt des göttlichen Lichts, und dort erzeuge ich das Licht der Göttlichkeit.

- Von diesem Punkt ausgehend, ziehe ich mit meiner geistigen Kraft einen Lichtkreis um mich herum. Mein Geist steuert das Licht, den Lichtraum.
- Unter meinen Beinen fixiere ich den zweiten Ankerpunkt des göttlichen Lichts. Dort fixiere ich Stabilität und Standfestigkeit.
- Von meinen Füßen aufwärts ziehe ich das Licht hinauf zum Kopf. Ich schließe den Kreis wieder am Ausgangspunkt über meinem Kopf, und im aktiven Schließen liegt der Schwerpunkt dieser Übung.
- Dass ich dazwischen keinen Leerraum oder Schwachpunkt offen lasse, ist sehr wichtig. Darum verfolge ich bewusst und gezielt den Verlauf des Lichtkreises. Ich erkenne alle Schwachstellen, und genau an diesen Punkten aktiviere ich einen weiteren Lichtpunkt und eine weitere Lichtkugel, um die Stabilität zu erhöhen.
- Zum Schluss ist der Lichtkreis geschlossen, und das Licht fließt darin.

Die Außenwelt ist so, wie sie ist, die Innenwelt ist so, wie ich sie steuere. Das Außen wird immer vom Kollektiv geprägt, das Innen entspricht meinem Geist.

Räume, die ich betrete, besitzen zwei Ebenen an Energie und Licht. Die eine Ebene ist die äußere, die Form und Zeit enthält. Die andere Ebene ist die innere, die durch die geistige Präsenz bestimmt ist.

Betrete ich einen Raum, übertragen sich mein Geist und mein Licht in den Raum. Die Energieübertragung ist völlig unabhängig davon, ob ich als Körper oder als Geist im Raum stehe, denn ich wirke auch auf Räume, die nur mein Geist betritt. Darum erzeuge ich im Raum ein eigenes Feld, da ich auch immer als Energiewesen Räume betrete.

Kosmischer Seelenstern

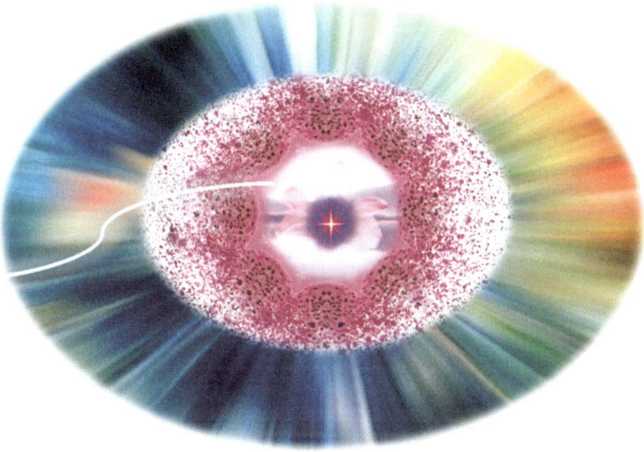

In mir leuchtet mein Seelenlicht hell und klar. Mein Geistkörper ist in der absoluten Lichtpräsenz. Mein Seelenstern zeigt sich in der Unendlichkeit des Schöpferraums. Ein zarter silberner Lichtfaden zieht sich durch den Schöpferraum bis zu meinem Seelenkörper. Mein Seelenstern sendet mir Impulse des Schöpfers, die mir bei meinem Aufstieg in meiner Lichtentwicklung dienen.

Es zeigt sich mir der kosmische Seelenstern in seiner Vollkommenheit an Leuchtkraft und Seelenkraft. Diese Wahrnehmung erzeugt in mir eine sehr hohe Schwingung. Ich kann erkennen, dass der silberne Verbindungslichtfaden zwischen dem Schöpferraum und meinem Seelenstern zu vibrieren beginnt und sich seine Frequenz erhöht.

Durch meine Verbindung zum kosmischen Feld und seiner Lichtfrequenz fällt es mir zusehends leichter, seine Energie- und Lichtfelder wahrzunehmen. Das kosmische Seelensternfeld ist die Gesamtheitlichkeit aller Seelensterne der kosmischen Seelenebene.

- Ich nehme wahr, dass das kosmische Seelenfeld der Schöpferseele und der Ur-Seelenessenz entspricht. Das Ur-Licht der Ur-Seele und das lichtgebende Element sind im kosmischen Seelenfeld integriert.
- Das Ur-Licht ist in meinem Seelenkörper integriert. Ich verstehe, dass ich dadurch mit der Ur-Seele und der Ur-Seelenessenz vereinigt und verbunden bin.
- Ich nehme mit dem kosmischen Seelenfeld und mit seiner Lichteinheit Kontakt auf. Ich öffne mich dieser Schwingung und ihrer Lichtfrequenz und bitte

um Integration und Vereinigung mit dem Ur-Licht und der Ur-Lichtessenz der Ur-Seele des Schöpfers.

- Mein Seelenkörper öffnet sich wie eine Lotusblüte, und mein Seelenlicht zeigt sich.
- Ein violetter Lichtkristall wird in meinem Seelenkörper sichtbar. Aus dem kosmischen Seelenfeld strömt eine neue Lichtfrequenz in mein Seelenlichtzentrum, das alles Licht der Schöpfung in sich enthält. Es ist ein allumfassendes, gesamtheitliches Seelenlicht, und die Essenz darin ist die Ur-Essenz der Schöpferseele.

In meinem Seelenkörper zeigt sich eine neue Formation mit einer neuen Definition, als würde in meinem Seelenkörper ein neuer Raum geöffnet werden. Ich sehe, dass die Ur-Seele des Schöpfers und dessen Ur-Essenz in meinem Seelenkörper Raum einnehmen und sich darin etablieren. Meine bisherige Farbdefinition von Silber-Violett wird aufgelöst, und es zeigt sich immer deutlicher die allumfassende Gesamtheitlichkeit des Ur-Lichts, das sich nicht definiert, sondern alles in sich beinhaltet.

Mein Seelenstern hat Raum im kosmischen Seelenfeld eingenommen und ist im universellen und im kosmischen Seelenfeld vorhanden. Er hat sich transzendiert, und ich spüre eine wesentlich stärkere Seelenfrequenz in meinem Seelenkörper, und damit auch in meiner Gesamtheitlichkeit.

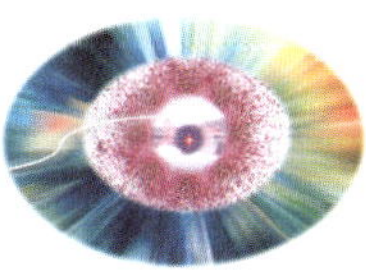

Kosmischer Lebensbaum

Ich bin in der Frequenz des kosmischen Chakrenfelds. In mir zeigt sich der Raum meiner bisher integrierten kosmischen Chakren. Ich kann sie alle in meinem Energiekörper wahrnehmen. Sie bilden in mir ein Einheitsbild aller kosmischen Energien. Die kosmischen Chakren sind durch ihre hohe Schwingungsfrequenz meinem energetischen Chakrenraum[9] übergeordnet. Mein Lebensbaum mit seinen Lebensfrüchten zeigt sich mir in seiner Erweiterung, denn durch die kosmische Energieerweiterung hat sich auch mein Lebensbaum erweitert und gewandelt. Um die Baumkrone herum nehme ich das kosmische Feld wahr, das dem Lebensbaum das Licht und die Energien überträgt, die der Baum benötigt, um sich bis in das kosmische Feld zu erweitern. Das kosmische Energiefeld beginnt, meinen Baum mit seinen Energien zu füllen und mit seinem Licht einzuhüllen, bis sich ein neuer Baum zu zeigen beginnt. Der kosmische Lebensbaum hat sich über meinem energetischen Lebensbaum gebildet.

Das ist mein neuer kosmischer Lebensbaum. Er integriert in seinem inneren Energiefeld die Kabbala meines energetischen Lebensbaums. Die Sephiroth des kosmischen Lebensbaums, also die Früchte des Baums, zeigen sich mir in Form der kosmischen Chakren. Ich kann an ihrem leuchtenden Zustand ihren Integritätszustand innerhalb meiner kosmischen Kabbala erkennen.

Ich schaue meinen kosmischen Lebensbaum an und sehe, dass die Wurzeln und der Stamm noch vorwiegend

---

9 Als Chakrenraum bezeichne ich den Teil meines Energiekörpers, in dem meine Chakren in ihrer Vertikalität platziert sind. Die Chakren stehen senkrecht übereinander in einer Energielinie.

mit der energetischen Chakrenebene verbunden sind, aber die Baumkrone bereits in der kosmischen Chakrenebene integriert ist. In der Baumkrone sind die neuen kosmischen Sephiroth integriert. Es sind unzählig viele Früchte, die in ihren verschiedenen Farben aufleuchten. Im Stamm des Baums zeigt sich das Herzzentrum. Es ist ein kräftiges Rot, das vom Herzchakra durch den Baum gepumpt wird. Das Herzzentrum ist von einem goldenen Lichtmantel umgebe. Auch die Baumkrone wird von einem goldenen Mantel umgeben. Die Früchte des Baums sind ebenfalls rot, und jede einzelne Frucht ist von einem goldenen Lichtmantel umhüllt. Das gesamte kosmische Feld und alle kosmischen Chakren offenbaren sich mir in der Baumkrone. Die kosmische Ebene und ihre Energiezentren zeigen sich mir in Form von Planeten, jedoch nicht auf physischer, sondern auf metaphysischer Ebene. Sie bilden also keine grobstofflichen Planeten, sondern sind feinstoffliche Energiezentren.

Im Garten des Schöpfers nehme ich meine Seelenblume wahr und seine Integration im kosmischen Seelenfeld. Ich verstärke die Anbindung an meinen kosmischen Lebensbaum, um die Einheit zwischen beiden zu intensivieren.

- Es zeigt sich mir das kosmische Seelenfeld. Darin liegt mein Seelenstern.
- Meine kosmische Seelenblume zeigt sich mir. Es ist eine sehr zarte, hellblau-violette Blume, einem Veilchen ähnlich. Sie ist eine niedrig wachsende und auch keine rankende oder langstielige Pflanze. Sie

steht neben meinem kosmischen Lebensbaum. Sie hat viele grüne Blätter und eine wunderschöne Blüte im Zentrum. Ich spüre ihre starke Schwingung, und ihr Duft hat eine zart erweckende Wirkung.

- Der Duft wird von den Früchten des Lebensbaums aufgenommen. Die Baumkrone erfreut sich gesamtheitlich an ihrem Duft.
- Das Herzzentrum im Stamm des Baums wird vom lieblichen Klang und vom zarten Duft meiner Seelenblume ebenfalls berührt.
- Zwischen meinem kosmischen Lebensbaum und der Seelenblume findet ein Austausch an Energien statt. Die kosmische Seelenblume steht in Korrelation mit dem goldenen Lichtmantel meines Lebensbaums.
- Ich lenke den Fluss der Energien der kosmischen Seelenblume zu den Wurzeln des Lebensbaums hin und lasse die Energien von dort aus durch den Stamm nach oben fließen, bis zum höchsten Punkt der Baumkrone.
- Die Früchte bilden transparente Verbindungsfäden zur Seelenblume.
- Die Baumkrone und die Seelenblume sind aktiv miteinander verbunden.
- Jetzt stelle ich auch zwischen dem Herzzentrum des Baums und dem Innersten der Seelenblume eine Verbindung her. Auch die Seelenblume besitzt ein Energiezentrum, das gleichzeitig das Seelen-Herzzentrum ist.

- Auf diese Weise vereinen sich beide Herzzentren durch einen silber-violetten Lichtkanal. Die Energien fließen im Austausch miteinander. Zwischen dem Herzzentrum des Lebensbaums und dem der Seelenblume entsteht eine Einheit.

So hat sich jetzt auch mein Lebensbaum in der kosmischen Ebene integriert, und die Vereinigung fand ganzheitlich statt. Meine Seele, mein Geist und mein Körper haben sich innerhalb des kosmischen Feldes vereint. Das ist die Absolution meines Integrationsprozesses, und ich habe den höchsten Punkt der kosmischen Aufstiegsleiter erreicht.

Zusammenfassung

1. Kosmisches Chakra der Freiheit

- Das gesamtheitliche Denken wird von der Körperbezogenheit befreit.
- Umstrukturierung meiner Persönlichkeitsstruktur in eine freie Form der Gesamtheitlichkeit.
- Wandel und Neuausrichtung in eine neue, befreite Welt.

2. Kosmisches Seelenchakra

- Erleuchtung des Seelenkörpers und Verbindung mit dem kosmischen Seelenchakra.
- Aktivierung des Seelenchakras im Baum des Lebens.
- Aufbau der Verbindung mit der Ur-Seele des Schöpfers.
- Befreiung von Seelenkarma.

3. Kosmisches Chakra des allumfassenden Seins

- Klärungs- und Aufrichtungsprozesse auf Körperebene.
- Klärung der Vergangenheit.

- Herstellung der Stabilität im Körper.
- Integration der Dynamik des Chakras.
- Ich sage JA zu meinem neuen Leben und starte damit alle Umstrukturierungsprozesse auf Körper- als auch auf Energieebene.

4. Kosmisches Herzchakra

- Integration der kosmischen Liebe.
- Entmachtung des Verstandes durch die neue Liebe.
- Befreiung des Herzens von der alten Liebe.

5. Kosmisches Chakra des kosmischen Geistes

- Erweiterung des Geistraums, um aus dem Potenzial der göttlichen Weisheit Liebe und Stärke zu schöpfen.
- Der Weg über den Regenbogen der Entscheidung.
- Erschaffung und Integration des geistigen Gitternetzes der Schöpferebene.

6. Kosmische Lebens-Lemniskate

- Erschaffung des göttlichen Lichtkreislaufs.
- Verbindung des Lichtimplantats mit der kosmischen Lemniskate.
- Aktivierung des Lichts der Ewigkeit.

7. **Das Licht der Herrlichen Göttlichkeit**

- Worte Jesu zur Lichtwerdung.

8. **Göttliches Lichtchakra**

- Versorgung mit der Ur-Essenz und der Urgöttlichkeit.
- Befreiung von alten Ankerpunkten, die mich an die alte Lichtform binden.
- Transformation des alten Wegs im Aufstieg zum göttlichen Lichtchakra.
- Integration der göttlichen Speicherkristalle des göttlichen Lichtchakras.

9. **Kosmisches Engelchakra**

- Auflösung alter Lebensmuster.
- Integration des Lichttempels des Engelchakras.
- Worte zur Selbstlosigkeit und zur Hingabe als Engelsbote.

10. **Aufstieg des Himmelstern-Chakras zum Gottesstern**

- Durchgang durch die Zwischenebene zwischen kosmischem Chakrenfeld und Gotteslichtebene.

- Auflösung der alten Energieform des Himmelstern-Chakras und Integration des neuen Gottessterns.

11. Erleuchtung des Lebensbaums und der Seelenblume

- Umstrukturierung der Chakren und des Energiekörpers durch den Gottesstern und Anpassung an die Gotteslichtebene.
- Integration des Energiekörpers in der Gotteslichtebene.
- Gießen des Lebensbaums und der Seelenblume mit dem göttlichen Licht.

12. Kosmisches Lichtpyramiden-Chakra

- Worte des Gottvaters zum Entwicklungsprozess.
- Integration der Lichtpyramide zwischen Herzchakra und Himmelsstern-Chakra.
- Empfang der Absolution des Lichts.

13. Kosmischer Sternenspiegel

- Wahrnehmung des Lichts des Sternenspiegels.
- Integration auf physischer als auch auf metaphysischer Ebene.

14. **Kosmisches Chakra der allumfassenden göttlichen Liebe**

- Verbindung des Chakras der allumfassenden göttlichen Liebe mit dem Feld des irdischen Kollektivs.
- Erkenntnisse der Neuen Zeit und der Neuen Welt.

15. **Lichtfenster der Zentralsonne**

- Aufstieg der Lebensplattform in die nächste Lichtebene.
- Erklärung des Sternentors.
- Lösung alter Verankerungen durch das Durchschreiten des Sternentors, um in das himmlische Sternenfenster zu gehen.
- Das Sternentor als das Übergangsportal in die himmlische Lichtebene.

16. **Kosmisch-himmlisches Bewusstseins-Chakra**

- Umstrukturierung des physischen Kopfbereichs.
- Das Chakra überträgt das vertiefte kosmische Wissen, die Weisheit des himmlischen Schöpfers und die Stärke des kosmischen Bewusstseins.
- Integration des höheren Bewusstseins in der Lebenssphäre.
- Aktivierung der geistigen Steuerung durch Fixierung des roten Lichts in der Lebenssphäre.

17. Kosmisch himmlisches Chakra des Heiligen Geistes

- Übertragung des Lichts des kosmischen Chakras auf meine gesamten Chakren.
- Integration des plasmoiden Lichts des Chakras auf alle meinen Körperebenen.
- Erweiterung des Kopfraums, um den Heiligen Geist zu empfangen.
- Erneuerung des Spiegels im Dritten Auge.
- Aufstieg in eine neue Geistebene.

18. Kosmisch-himmlisches Auge

- Integration des kosmisch-himmlischen Auges in mein Drittes Auge.
- Die Absolution des wahren Sehens geschieht durch die Hingabe.
- Unendlichkeitsschleife des kosmischen Lichts zwischen himmlischem und physischem Auge.

19. Kosmisches Lichtchakra des Einheitslichts

- Erleuchtung meines Lichtimplantats und Wandlung zur Lotusblüte durch das kosmische Licht.
- Erleuchtung zum Buddha.
- Integration des kosmischen Lichts.

- Normierung und Ausrichtung meiner Lebenssphäre im kosmischen Licht.
- Verankerung des Lichts in meinem Geistkörper und meinem Innersten des physischen Körpers.
- Verbindung beider Punkte durch den Lichtbogen des kosmischen Lichts.

20. Marien-Chakra der Gottesmutter-Liebe

- Herzöffnung und Integration der Gottesmutter-Liebe.
- Auflösung von Herzblockaden.
- Das Marien-Chakra trägt die Einheit der Liebe in sich.
- Erreichung der Stabilität der göttlichen Liebe.

21. Kosmisches Klang-Chakra der Gottesliebe

- Integration der Klangwellen im Himmelsstern-Chakra.
- Feuer des kosmischen Klang-Chakras, es brennt vom Herzzentrum bis zum Himmelsstern-Chakra.
- Die Klänge und ihre Wellen sind die Schwingung des Universums, des Schöpferreichs und aller Ebenen der Schöpfung.
- Die Illusion der Trennung und der Dualität löst sich auf.
- Der Schleier zerfällt, die Täuschung wird offensichtlich.

22. Kosmische Lebensblume der Dreifaltigkeit

- Erschließung neuer Lichtkreise im Bewusstseinsraum.
- Neubildung der kosmischen Identität.
- Integration der drei Lichtkreise von Körper-Geist-Seele.

23. Kosmisches Chakra der Unendlichkeit

- Tor in die Raum- und Zeitlosigkeit.
- Sieben goldene Stufen zum Chakra der Unendlichkeit.
- Aktivierung des Kalpa-Taru-Chakras.

24. Kosmisches Chakra Hypersika

- Chakra der allumfassenden Glückseligkeit.
- Verbindung mit den türkisfarbenen Lichtkristallen des Chakras.
- Kosmische Schilddrüse.
- Integration im kosmischen Kollektiv.

25. Kosmisches Yoga

Chakra der kosmischen Freiheit und Losgelöstheit.

Übung des kosmischen Gottes-Yogi

- Die energetische Kehlkopfzunge.
- Reinigung und Dehnung der Persönlichkeitsstruktur.

Übung des kosmischen Gottes-Yogi

- Y – Der Kelch der Göttlichkeit.
- Trinken des Wassers der Göttlichkeit.

Übung des kosmischen Gottes-Yogi.

- Bildung des kosmischen Lichtkreises.
- Empfangen des Lichts über die Hände.
- Bildung der ersten goldenen Kugel über meinem Kopf – Verankerung.
- Bildung der zweiten goldenen Kugel unter meinen Füßen – Verankerung.
- Schließung des Lichtkreises.

26. Kosmischer Seelenstern

- Integration der Ur-Seele und des Ur-Seelenlichts.
- Bilokation des Seelensterns.

26. Kosmischer Lebensbaum

- Integration aller kosmischen Chakren im Lebensbaum.
- Wandel des Baums zum kosmischen Lebensbaum.
- Wandel der Seelenblume zur kosmischen Seelenblume.

Ausklang

Du bist jetzt im Finale deiner kosmischen Reise angekommen und hast sie meisterlich absolviert. Manche der kosmischen Chakren werden in dir sehr starke Resonanz und Aufmerksamkeit gefunden und bereits zu Beginn der Prozesse gezeigt und integriert haben. Andere konnten dich nur schwer erreichen, und es fiel dir schwer, mit ihnen Kontakt aufzubauen. Genau hinter diesen Schwierigkeiten liegen Themen verborgen, die als boykottierende Energiemuster auftreten. Lass dir deshalb Zeit beim Lesen und während deines Integrationsprozesses der kosmischen Chakren. Hör auf deine Körpersymptome. Sie zeigen dir deutlich deine Grenzen auf. Gib nicht auf, wenn die Verbindung zu dem einen oder anderen Chakra nicht so funktioniert, wie du es dir vorstellst, sondern vertraue deinen geistigen Kräften und der Führung des Vaters, dass alles immer genau zum richtigen Zeitpunkt und in der richtigen Reihenfolge geschieht.

Bleib mit deiner Ausrichtung und Wahrnehmung im kosmischen Energiefeld und in der Steuerung der kosmischen Chakren. Dabei erfährst du die Absolution deiner geistigen-kosmischen Kräfte.

Auch als kosmisch-göttlicher Yogi wirst du dich in dieser Ebene weiterentwickeln und vielleicht weitere Übungen erhalten, die dir noch mehr Tiefe, Balance und Ausdauer vermitteln werden.

Dein Weg ist hier nicht zu Ende, nein, ganz im Gegenteil: Jetzt beginnt ein neuer Abschnitt. Die Umstellungs- und Integrationsarbeit ist beendet. Ab jetzt geht es um die Umsetzung deiner neuen Energien und deines neuen Wissens in all deinen Lebensbereichen. Bewahre dir das kosmische Bewusstsein durch deine aktive Ausrichtung auf das kosmische Bewusstseinsfeld.

Nichts kann im Außen so wichtig sein, dass du dich nicht deiner Wahrhaftigkeit und deines wahren Bewusstseins erinnerst, und nichts kann so wichtig sein, dass du nicht aus dem unendlichen Potenzial des kosmischen Feldes schöpfst. Wähle stets die größtmögliche aller Möglichkeiten, die dir zur Verfügung stehen, denn nur das entspricht deiner Vollkommenheit und Wahrhaftigkeit. Die Kraft des kosmischen Lichts ist dein inneres Feuer, das dich nährt, erfüllt, steuert und dir das Unendliche zur Verfügung stellt. Es ist die größtmögliche aller Energien, denn diese reicht von der Unendlichkeit bis zur Ewigkeit.

Nutze in dir diese Kraft, um dein Potenzial zu steigern. Wenn in dir Müdigkeit und Antriebslosigkeit auftauchen, entstammen sie dem Kleinstmöglichen, also dem beschränkten Feld der Dualität im Irdischen. Alle Aufgaben, die du über deinen Verstand erledigst, werden nur vom Kleinstmöglichen gesteuert, denn das Kleinstmögliche entstammt der Verstandesebene. Dabei entstehen sehr schnell Übersättigung und Übersäuerung. Der Raum wird rasch zu eng, und das Kleinste sprengt sich selbst aus dem

Raum. Das kann im größtmöglichen Raum des Seins nicht passieren, denn er ist unendlich und ewiglich. Daher fühle und prüfe stets aufs Neue. Wird der Raum zu eng, dann bist du nicht in der größtmöglichen deiner Energiemöglichkeiten. Spürst du die unendliche Kraft und Ausdauer, dann hast du aus dem Größten geschöpft und wirst keinerlei Mangel erfahren.

Es ist ein stetiges Lernen und Entwickeln. Bleib daher in deinem unendlichen kosmischen Bewusstsein und nähre es durch das stetige Ausrichten und Ausdehnen. Noch kennt dein Bewusstsein nicht die wahre Reichweite der Unendlichkeit, doch es ist mit ihm bereits in Berührung gekommen und nähert sich ihm mit jedem Schritt deines Lernens.

Der richtige Moment ist immer dann spürbar, wenn sich Raum und Zeit öffnen, um der größtmöglichen aller Möglichkeiten den Eintritt zu gewähren. Daher wähle nicht mit dem Verstand, sondern lass deinem hohen Geist den Vortritt. Er kennt den richtigen Moment, und er kennt die Unendlichkeit und das Größtmögliche.

Immer und immer wieder ist das Größtmögliche zu üben und zu verinnerlichen, weil dieser Mechanismus von selbst noch nicht funktioniert. Das irdische Kollektiv und der kollektive Bewusstseinszustand haben sehr starken Einfluss auf dich. Sie wollen regieren und manipulieren. Das geschieht sehr verdeckt und rasch, und das kollektive

Feld möchte verhindern, dass du das Größtmögliche und Wahrhaftige erkennst. Es bedarf wirklich deiner gezielten Kontrolle und Ausrichtung, dass du dich nicht im kollektiven Bewusstsein verlierst.

In dir ist jetzt das kosmische Feld mit seinem unendlichen Potenzial integriert und manifestiert. Du hast die Möglichkeit, aus diesem Potenzial heraus zu handeln. Du hast stets die Wahl. Du musst dir dessen nur bewusst sein. Verstehe, dass alle Lebensmuster und Gewohnheiten deinem Verstand entstammen und nicht deinem höheren Bewusstsein. Der Verstand ist sehr rasch präsent und möchte immer im Vordergrund stehen. Es ist ein langer Lernweg, um sich das Modellieren von Gedanken und Handlungsweisen mit dem höheren geistigen Potenzial anzueignen, doch genau das lernst du gerade. Es sind Lernaufgaben, die dir sehr gezielt präsentiert werden, um dich immer und immer wieder daran zu erinnern und dir zu zeigen, wie du gerade handelst und wo du gerade stehst. Ob es dein Geist oder dein Verstand ist, der dich steuert. Lerne und gib dich dem kosmischen Potenzial in seiner Unendlichkeit hin, dann bist du im größtmöglichen Potenzial.

Nachwort

Als mein Buch vom Smaragd Verlag angenommen wurde, erfüllten mich absolute Freude und Dankbarkeit. Durch dieses Ereignis tauchte ich in ein Gefühl der unendlichen Glückseligkeit, gab mich der Vorsehung und dem Willen des Vaters hin und empfing folgende Botschaft:

Es ist der Vater, der erscheint, und mit ihm Maria Magdalena und die gesamte Marien-Essenz. Ich spüre die enormen Energien, die in meinem Buch enthalten sind, und diese stehen in Verbindung zur Marien-Essenz, zum Vater und zur Schöpferebene. Auch das gesamte Jesus-Energie-Potenzial erscheint, denn auch seine Energien sind im Buch enthalten.Das gesamte Buch zeigt sich mir als Energiewesen mit seinen einzelnen Stationen und den darin enthaltenen Wesenheiten. Es scheint, als wäre es zum Leben erwacht. Die gesamte Buchessenz schwebt im Schöpferraum und gibt Impulse zum irdischen Energiefeld ab. Energiestrahlen werden aktiviert. Dieses leuchtende und strahlende Bild ist unbeschreiblich.

Das Buch beziehungsweise sein Energiefeld bildet einen eigenen Raum im Kosmos, und von der Erde aus zeigen sich Verbindungskanäle, die sich jetzt zu öffnen beginnen. Ein Fluss an kosmischen Energien hat sich aktiviert und ist in ständiger Erweiterung und Erneuerung. Der Energiefluss ist schon betretbar und bereit, alle irdischen Reisenden zu empfangen und zu erfüllen. Wie in den venezianischen Kanälen stehen Gondeln bereit, die vom irdischen hin zum kosmischen Feld der kosmischen Chakren führen. Die Schwingung ist bereits so hoch und potenziert sich immer höher, dass es für alle Reisenden ein Leichtes sein wird, sich mit den kosmischen Chakren zu verbinden und ihre Energien zu empfangen.

Der Vater tritt in mein Wahrnehmungsfeld und spricht:

Reisende sind an keine Standorte fixiert, das macht sie zu Reisenden, und in aller Leichtigkeit und Freiheit eines Reisenden ist es möglich, in diese Ebene einzutreten. Der Verlag, den ich für die Veröffentlichung des Buches ausgesucht habe, besitzt genau jenes Potenzial, den Reisenden alle Möglichkeiten des Aufstiegs zu offenbaren und dabei das Buch in der Erfüllung meines Willens zu manifestieren. Vertraue der Vorsehung und lass sie sich verwirklichen. Niemand außer mir kann die Geschehnisse lenken. Nur ich kann den Fluss der kosmischen Chakren ins Irdische lenken. Das ist mein Wille, und dieser geschehe jetzt. Kein menschliches Wesen vermag das Steuer auf diese Weise zu lenken, deshalb lass auch niemanden versuchen, es zu steuern. Der Verlag und die Lektorin haben das erkannt und geben sich der Steuerung hin. Sie werden das Energiepotenzial durch ihre Hingabe nicht verändern, und somit ist das Lichtportal in die kosmische Lichtebene geöffnet und der Kanal offen und frei zugänglich.

Ich habe dir von Beginn an gesagt, dass ich die Vorgänge steuere. Nichts konnte das behindern, weil du dich deinen Impulsen geöffnet und geschehen lassen hast, was vorgesehen war. Jetzt kannst du den Verlauf noch weiter beobachten. Du wirst erkennen, wie weit sich das Portal mit jedem Schritt der Verwirklichung meines Willens öffnet und schier unendlich fließende Energien in das irdische Feld zu fließen beginnen. Genau jene Menschen, die sich auf ihrem Aufstiegsweg befinden, werden durch diese Energien in noch höhere Schwingungsebenen getragen und können durch noch effizientere Aufstiegsprozesse geführt werden. Sie schöpfen und bringen das hohe Potenzial der Schöpfung auf die Erde. Dort offenbart sich dieses hohe Energiefeld, um integriert und gelebt zu werden. Die Neue Erde mit ihren neuen Menschen erkennt diese neue Art des Schöpfens. Es ist das neue Wissen der Neuen Zeit, das sie aus der kosmischen Chakrenebene beziehen können.

Ende der Botschaft.

Mir werden neue innere Bilder übermittelt, die mich Folgendes erkennen lassen:

Ich kann beobachten, wie sich das Energiefeld des Buches verändert. Ich kann seine Zeitlosigkeit erkennen, es ist raum- und zeitlos. Ich sehe das Portal, das sich geöffnet hat, und es zeigt sich mir das Bild der Kommunikation zwischen der kosmischer Ebene und dem Irdischen. Die Frequenz ist stark, und zwischen den beiden Ebenen findet ein reger Austausch statt.

Mutter Erde ist mit dem Feld des kosmischen Chakrenraums verbunden und auch mit dem Energiefeld des Buches. Ein Lichtkanal führt direkt in das Innerste von Mutter Erde, wo es sich feldartig ausbreitet. Eine Blaupause des Buches hat sich im Innersten von Mutter Erde integriert. Sollte das Buch noch verändert werden, ist das Original bereits in Mutter Erde manifestiert und wird von ihr gehütet.

Das kosmische und das irdische Feld stehen in Kontakt zueinander. Ein reger Energieaustausch findet statt. Im kosmischen Feld beziehungsweise im Feld des Buches herrscht eine sehr hohe Stabilität. Das Buch steht da wie der Kelch des Schöpfers und ist unendlich erfüllt mit seinen Energien. Ich, als der Erschaffer, kann an den Kelch treten und von ihm trinken. Die unendliche Kraft, die darin steckt, überträgt sich in mein Innerstes. Ich ermögliche allen, die sich auf diese Reise begeben, aus dem Kelch zu trinken und ebenfalls diese unendliche Erfüllung vom Schöpfer zu erfahren. Ich gebe den Kanal frei, der zum Kelch führt. Jetzt!

Die göttliche Schöpferliebe ist im Buch integriert, und das göttliche Licht führt es zur Vollkommenheit und Wahrhaftigkeit im Sein des kosmischen Raums. Ich gehe hin und gebe mich diesem göttlichen Sein hin, um zu empfangen.

Danksagung

Abschließend möchte ich mich noch persönlich bei all meinen Helfern bedanken, die es mir überhaupt erst ermöglicht haben, dass dieses Buch in dieser Form entstanden ist.

Es war der Wille des Vaters, dass ich dieses Buch geschrieben habe. Seine Liebe und sein Licht fließen mit jedem Wort und mit jedem Bild mit ein. Ich danke dem Vater für seine Führung und Unterstützung und für seine unendliche Liebe zu mir und zu uns allen.

Die Einheit ist das Ziel, und deine Entwicklung führt genau zu der Erkenntnis, dass nur die Einheit existiert. Alles andere ist Illusion und löst sich im Licht und in der Liebe auf.

Über Eveline Ehß

Ich wurde im Zeichen des Wassermanns vor über fünfzig Jahren geboren und lebte als Stadtkind von Graz zwischen all dem Lärm und Großstadtgetümmel. Doch schon als Kind fand ich in mir eine eigene Welt, zu der nur ich Zugang hatte.

So lebte ich in meiner Kindheit in meiner Innenwelt und beschäftigte mich intensiv mit Indianer- und Engelgeschichten. Während meiner Entwicklungsjahre wollte ich diese Welt nie mit dem Alltagsleben tauschen. Erst im frühen Erwachsenenalter erwachte ich aus dieser Phase. Die Liebe und alles, was dazugehörte, traten in mein Leben und zogen mich in ihren Bann. Dabei verließ ich meine mir so vertraute geistige Innenwelt und begann, die Welt in ihrer dualen Wirklichkeit zu erforschen. Ich lernte Menschen kennen, die anders waren als ich, und näherte mich ihnen, weil ich sie verstehen wollte. So kam es, dass ich immer tiefer in diese fremde Welt rutschte, von ihr regelrecht vereinnahmt und in diese verwirrende und manipulative Außenwelt gezerrt wurde.

Ich begann, mich mit ihren Spielen auseinanderzusetzen. Einerseits aus Neugier, andererseits, um auch in der Gesellschaft dazuzugehören. Anfangs fand ich dieses Spiel recht amüsant, doch dieses freudige Gefühl hielt nicht lange an, und ich musste teilweise sehr schmerzliche Erfahrungen machen. Viel Leid trübte meinen so wissbegierigen Weg. Ich war, wie alle anderen auch, mit dem Spiel der Dualität beschäftigt. Zeitweise wünschte ich mir, ich hätte mich niemals auf dieses Spiel eingelassen, doch jetzt war ich schon mittendrin und musste erst wieder aus der Dunkelheit herausfinden. Meine beiden Töchter spiegelten mir all die Themen auf sehr direkte, aber auch liebevolle Art und Weise wider. Erst viele Jahre später verstand ich die Zusammenhänge.

So kehrte ich im etwas reiferen Alter wieder zu meiner alten und doch wieder neu zu erfahrenden Innenwelt zurück. Das gab mir Stärke und neue Zukunftsperspektiven. Ich verließ alle alten Räume und begann, mir ein neues Leben aufzubauen. Ich startete in mein neues Leben mit neuer Bewusstseinsbildung und fing an, unzählige Seminare und Kongresse zu besuchen. Zwar blieb ich in meinem Beruf als Buchhalterin tätig, da ich wusste, dass ich dabei noch Aufgaben zu erledigen hatte und sich mir die Möglichkeit bot, sehr rasch zu lernen, weil mein Arbeitsfeld mir viele meiner Lernaufgaben widerspiegelte. Aber ab dem Zeitpunkt meiner Rückkehr beziehungsweise Umkehr war mein Geist auf die Ebene des höheren Bewusstseins ausgerichtet. Ich lernte verschiedene Methoden der Geisterweiterung und Heilpraktiken kennen.

Ich bekam die traditionelle Unterweisung in die Transzendentale Meditation™. Durch diese Mantra-Meditation erlangt der Geist eine transzendentale Erweiterung und lernt, sich dem höheren Geist zu öffnen. Das war der Startschuss meiner Geisterweiterung, denn mein Wahrnehmungsfeld für alle weiterführenden und geisterweiternden Methoden wurde geöffnet.

Die russischen Heilmethoden waren für mich äußerst entwicklungsfördernd. Die Zahlenreihen von Grigori Grabovoi und das neue Weltbild von Igor Arepjev prägten meine Ausrichtung in einer neuen Lebenssichtweise.

Ich begegnete dem russischen Wissenschaftler und Autor Arcady Petrov persönlich und lernte mit Begeisterung seine bioinformativen Technologien über den Baum des Lebens. Er war es, der mich das geistige Reisen lehrte und meinen Geist so weit öffnete, dass es mir möglich wurde, mich in völliger Hingabe dem Gott-Vater zu öffnen. Ich lernte von ihm das Wissen vom Baum des Lebens, die Zusammenhänge zwischen Baum und Körper und von den Sephiroth des Baumes. Der kabbalistische Lebensbaum spiegelt den Baum der Erkenntnis, und A. Petrov zeigt mit seinen Lehren den Menschen den Weg zum Baum des Lebens. Durch das Durchwandern und Verinnerlichen des Baums des Lebens entwickelte sich mein Geist und weitete sich, bis es mir möglich wurde, noch tiefer in die geistige Ebene des Schöpferreichs einzutreten. Mir wurden immer direktere und klarere Botschaften und Impulse übertragen.

Während dieser intensiven Reisen in die Geistebene bekam ich eines Tages meinen Seelennamen übermittelt, mit dem ich von der Geistigen Welt und vom Gott-Vater angesprochen wurde. Der Gott-Vater nannte mich *Kadasene*. Der Name steht für Klarheit und Reinheit. Ich wurde auserwählt, als Botschafterin des Lichts und der Liebe zu wirken. Diese Reinheit und Klarheit kommen auch in meinen spirituellen und geistigen Heilwirkungen mit Menschen, Tieren oder Energieräumen sehr deutlich zum Tragen, da es meiner Berufung entspricht, mit dem Licht und der Liebe zu wirken. Das Licht und die Liebe führen die Menschen durch die Prozesse der Heilung und Loslösung.

So kam es, dass ich eines Tages mit dem Feld der kosmischen Chakren in Berührung kam. Anfangs wusste ich nicht, welche Bewandtnis es damit hatte, doch sehr rasch bekam ich die Informationen, die ich benötigte. Mir wurde klar, dass ich ein Buch über die kosmischen Chakren schreiben sollte.

So formten sich im Laufe des Schreibens und des Zeichnens alle Informationen und Bilder zu diesem Buch.

Von Herzen,
Eveline Ehß